阅

阅读成就思想……

Read to Achieve

通俗哲学系列

我们与恶的距离

关于邪恶的哲学思考

Ondskapens filosofi

[挪]拉斯·弗雷德里克·H. 史文德森(Lars Fr. H. Svendsen) 著
丁敏 译

中国人民大学出版社
·北京·

图书在版编目（CIP）数据

我们与恶的距离 ：关于邪恶的哲学思考 /（挪）拉斯·弗雷德里克·H. 史文德森（Lars Fr.H. Svendsen）著 ；丁敏译. -- 北京 ：中国人民大学出版社，2021.1
ISBN 978-7-300-28787-4

Ⅰ. ①我… Ⅱ. ①拉… ②丁… Ⅲ. ①恶—研究 Ⅳ. ①B82

中国版本图书馆CIP数据核字(2020)第228237号

我们与恶的距离：关于邪恶的哲学思考

［挪］拉斯·弗雷德里克·H. 史文德森　著

丁　敏　译

Women Yu E de Juli: Guanyu Xie'e de Zhexue Sikao

出版发行	中国人民大学出版社		
社　址	北京中关村大街 31 号	邮政编码	100080
电　话	010–62511242（总编室）		010–62511770（质管部）
	010–82501766（邮购部）		010–62514148（门市部）
	010–62515195（发行公司）		010–62515275（盗版举报）
网　址	http://www.crup.com.cn		
经　销	新华书店		
印　刷	北京联兴盛业印刷股份有限公司		
规　格	130mm × 185mm　32 开本	版　次	2021 年 1 月第 1 版
印　张	7.5　插页 2	印　次	2022 年 10 月第 2 次印刷
字　数	137 000	定　价	69.00 元

自序

很多年前，当我第一次认真思考邪恶这个问题时，遇到了一个特殊的挑战：我得证明有关邪恶的概念仍然属于哲学范畴。回过头来看，这一想法正经历着“复兴之潮”。不过，在哲学系及其他院系的很多同事眼里，有关邪恶的概念来自神秘的基督教世界观，其光辉岁月已悄然逝去。

起初当我试图“复原”有关邪恶的概念时，这一概念本身就令我着迷。因为我倾向于将邪恶视作美学客体，即邪恶是可以替代平庸生活的他物。电影、文学等媒介越来越多地向我们展现了代表邪恶的符号，但这类邪恶不属于道德范畴。邪恶像文化中的其他事物那样被审美化了。正如西蒙娜·韦伊（Simone Weil）写道：“想象中的邪恶丰富多样，富有浪漫气质，而现实中的邪恶阴暗、乏味无聊且毫无光彩；想象中的善良枯燥乏味，而现实中的善良总是日新月异，令人惊喜陶醉。”在虚构作品中，邪恶的本性是虚构的，它扮演了日常生活之平庸的对立面，表现出超越平庸的一面。“邪恶”被解释为“僭越”“优越”等。当这种审美化过程被视为理所应当时，我们就忽略了邪恶包含的恐惧。纯粹从美学角度看，似乎世上是不存在真正的受害者的。邪恶，作为一种纯粹的美学现象，变成了不会伤及肉体的游戏，我们可以尽情投入或假惺惺地掉几滴眼泪，而不用担心产生切肤之痛。

最终，我对邪恶的复原之路还是采取了更严肃的态度。在欧洲，我们密切关注发生在前南斯拉夫的事件，当阅读到揭露大规模谋杀、强暴和极端酷刑的新闻报道时，我们简直不敢相信现实中竟会有这么多毫无意义的残暴行为。发生在前南斯拉夫的暴力事件委实令我们毛骨悚然。我们认为这样的事情不会发生在光天化日之下，至少不会发生在我们生活的现实世界中。很难解释为何会发生这种事……“邪恶”，就是我们立刻能想到的、用来表达惊恐的词。

接下来发生了 2001 年“9·11”事件，有关邪恶的观念一时之间成为重大政治议题。当天，美国时任总统乔治·W. 布什宣布：“今天，邪恶降临我们的国家。”英国首相托尼·布莱尔痛斥：“大规模恐怖主义是当今世界上新生的一股邪恶势力……我们不会善罢甘休，直到铲除邪恶为止。”以色列总理阿里埃勒·沙龙紧接着宣称：“恐怖主义无好坏之分，都是恐怖、邪恶的，都是人类价值观的沦丧。”

“9·11”事件，以及随后那几年发生的恐怖袭击事件让我们看到了有关邪恶的思想有很深的生存土壤，使用这个词可能引发极大的危险。就在我写下这些话时，加沙地带的巴勒斯坦居民遭受了以色列的一次空袭。这次袭击很容易被认为是针对巴勒斯坦人民的集体式惩罚——它有组织地摧毁了学校、温室和清真寺等非军事目标建筑。打击“恐怖主义”被用来粉饰这次入侵行动。一旦恐怖主义被视为邪恶的化身，哈马斯被视为恐怖组织，那么为了铲除威胁可以动用任何手段，无论袭击是否会殃及巴勒斯坦平民。

自从开始构思本书，我的思路发生了许多转变。首先，我曾经想省去所有关于施虐狂和种族灭绝的内容，因为我更想谈论普通的邪恶而不是特殊的邪恶。但不久之后我发现，显然这些有关邪恶的概念是与极端现象紧密相关的，所以这些素材必须包含进去。恶魔的极端行动让我们更加清楚地认识了邪恶。或许世上真有人类“恶魔”存在——意味着我们不能与行为极端的人为伍——但这些人的存在很难解释为何人类的邪恶会大行其道。最后还是得由比较正派、体面的人来为大多数不堪的后果负责。作为这世上唯一能解释所有邪恶的生物，我们变得邪恶是一件“平常的”事情。当然，我们并不急于这样描述自己，如果说有人是邪恶的，那一定是我们之外的“他人”。

本书特别提到了大屠杀，有关作恶者的大量研究资料让我们从独特的视角看待普通人是如何卷入巨大的恶之中的。讨论大屠杀时，我不会关注希特勒，而是会将焦点放在参与大屠杀的"正常"人身上。因为我更想知道，有关邪恶的概念与我们将自己视作道德能动者之间有何种关联。说到希特勒，一方面很少有人会认同他的所作所为，另一方面我们又很容易认同那些参与屠杀计划的人。出于同样的原因，本书也不会关注连环杀手，即便我没有直言"我们"与这些"恶魔"完全不是同类。例如，杰弗里・达默（Jeffrey Dahmer）的父亲莱昂内尔・达默（Lionel Dahmer）首先承认，他无法理解儿子竟会变成美国历史上最恶毒的连环杀手：他彻底变成了一个陌生人。然后，他渐渐想明白是什么让儿子变成了这种"非人的存在"。相信我们每个人都可能发现自身的某些阴暗面，而我们在杰弗里・达默案件里却找到了其极端的表现。不过，我认为认同像达默这类严重失常的年轻人的理由是不堪一击的，从普通人的罪恶中就能发现更多问题。对于研究有关邪恶的观念能为我们理解自身带来何种贡献，我充满兴趣。

如果说我能让读者完全明白何谓邪恶，那会是一种自负的表现。撰写本书时，我对邪恶的理解逐渐发生改变。起初，我觉得邪恶会先让人迷醉，而后变得令人害怕，最后成为极度的悲哀。极度悲哀也许才是邪恶的根本特性。假设读者基本明白我所说的道理，他们就能在大脑中将我讨论之事的细节勾勒出来，这样一来，那些想阅读有关犯罪的生动描写（包括古今酷刑的刑具、连环杀手对受害人的暴行、残酷的处决方式等）的人恐怕要大失所望了，因为我省略了很多相关内容。书里如果涉及这类描述可能会更加“吸引人”，而我的主要目的并不是写一本有趣的书。我相信详细、清晰地呈现出的细节，足以令人发指。

我承认本书的主题太宽泛，盘根错节，定义模糊，难以做到真正令人满意的公正。我不奢望描绘出一幅全景图，能完全捕捉邪恶的复杂性，为邪恶造成的所有问题提供处方。但是，就算是单独挑出这些与讨论密切相关的方面也比我原来想象得更加复杂。从学术角度看，我认为自己做好了写作本书的充分准备，而当我开始遴选原始素材时，的确产生了一种溺水般的感觉。之前，我从未接触过需要做如此广泛研究的课题；书中只涉及了有关该课题的部分文献，并没有将许多特别有意义的内容纳入进来。尽管如此，我希望书中涉及的是最关键的几部作品。尽管在梳理以往素材时，我对邪恶的观念不时变换，但我所写的这本书并不是有关邪恶的历史。以从《旧约》开始至今的素材为基础撰写一部邪恶全史将会是一项繁重的任务。因此，我转而选取若干相关度较高的主题和理论来缩小讨论范围。

有关邪恶的起源有四类传统解释：（1）人被邪恶的超自然力量控制或引诱；（2）人受天性的驱使，某些行为可能会被视为邪恶的；（3）人受环境的影响会做出邪恶的举动；（4）人受自由意志的牵引，走向邪恶。我会着重讨论（3）和（4），简述（2），而不涉及（1）。我认为（1）不适合做理性探讨，它属于宗教信仰的范畴，在本书中，我不会辩论撒旦和基督是否存在，因为这更像是神学或历史学、宗教社会学关注的范畴，而不是哲学的研究兴趣所在。在18世纪，撒旦失去了作为解释邪恶之存在的权威地位。宗教、魔术和神秘主题不是本书的重点，尽管我确实努力地深度探讨神义论的问题——上帝如何与世上所有的邪恶共存。我不是一名信徒，更关心人性而非上帝。选择“人性”作为出发点，并不是说我自认为已经找到了所有邪恶的根源。众所周知，邪恶主要是通过人际互动现身的。显然，凡是涉及邪恶的地方，哲学和神学的边界就会变得模糊，相对于该主题下的其他文献而言并不寻常，我尽量绕开了神学话题，除了第2篇，该篇旨在从传统的、神学的角度为邪恶问题的解决出谋划策。我认为邪恶是一种人际关系，不应该将其看作一种超自然神力。当我们说邪恶行为“反人性”时，其实就是忽略了这个重点。邪恶是人性的一部分，可以说太符合人性了。正如威廉·布莱克（William Blake）写道：“残忍长着一颗人心。”

此外，本书的目的不在于挖掘“所有邪恶的根源”或者对邪恶追根溯源，最关键的是要了解善与恶都是人性的一部分，了解人类行动的一些特点及其所包含的积极和消极的方面。基于因果关系，作恶总是比从善更容易；伤害他人，比向他人提供帮助更容易让他人切身难忘；酿造全国惨剧比促进国家繁荣更容易实现。总之，从善和作恶的能力是失衡的。或许这是人类行为的典型状态，但我们仍然有责任多多行善，少作恶。

最后，由于我撰写本书是想更多地了解作恶者而非受害者，必然将更多的精力放在主动施加的恶行，而非被动遭遇的罪恶上面。或许有人认我应该更多地关注受害者，当然，毫无疑问，我对这些群体是深表同情的。

目录

Ondskapens filosofi

第1篇

Ondskapens filosofi

何谓邪恶

邪恶的观念是从前现代时期，以基督教教义诠释世界的时候沿袭下来的，看似不符合当今潮流，却仍是我们现实生活的一部分。我们目睹过邪恶的发生，或做过罪恶的事情，或遭受过邪恶的折磨，甚至当我们试图忘记邪恶的存在时——有时需要相当长一段时间——那些情景依旧历历在目；有些事总是会提醒我们那些残忍的过往。1939 年，托马斯・曼（Thomas Mann）指出，人们又一次发现了善恶的区别，这是一件好事。他似乎在说，人们会反复认出邪恶，只是为了再次忘记它。E.M. 齐奥兰（E.M.Cioran）写道："对于何为善恶，我的概念已经越来越模糊了。假如有一天我完全分辨不出这两者的差异，就算是前进了一步！但我究竟是朝哪里前进了一步？"我能想到的是，人类朝灾难走近了一步。要是邪恶有张脸，类似一种身份证明，那我们就能轻易认出它来，例如 20 世纪 90 年代早期发生在前南斯拉夫的暴力事件和 2001 年发生在美国的"9・11"恐怖袭击事件。

安德鲁・德尔班科（Andrew Delbanco）在《撒旦之死》（*The*

Death of Satan）一书的导言中提到，据他观察，在人们对邪恶的体验和理智地理解它们之间存在一道鸿沟。我们看到社会需求和暴戾行为，但除了特定的、涉及具体罪犯的极端案例外，我们并不清楚邪恶真正寄居在何处。基督教文化将撒旦视为替罪羊——但是当上帝死后，撒旦乔装成上帝的样子，我们这些撒旦手下的谋杀犯就失去了谈论邪恶的资格。既然没有了邪恶的化身，那我们该怎么谈论邪恶呢？

让·鲍德里亚（Jean Baudrillard）问自己：邪恶在今天的世界中变成了什么样？他答道：它无处不在。这让人想起了H.C. 安德森（H.C.Andersen）的童话故事《冰雪皇后》（*The Snow Queen*），故事里有一面能扭曲所有的镜像，让事物呈现出最坏一面的魔镜，最后它碎裂了，碎片扎进了每个人的眼睛和心脏里，于是人们注定会目睹邪恶之事，走到哪里，哪里就会有腐坏堕落。多数人不会在日常的生活、体验和活动中产生邪恶的想法，但我们不断地通过大众媒体接触邪恶：总是会看到、读到有关种族屠杀、饥饿、动机不明的暴力和交通事故，我们的生活环境充满矛盾，邪恶既不在场，却又无处不在——在个人的具体经历中或许不存在邪恶，但个人通过媒体又看到邪恶的气息弥漫于现实世界之中。如此说来，鲍德里亚说邪恶是无处不在的是可信的——既然邪恶无处不在，我们就无力去讨论邪恶。邪恶已经去中心化，不再局限于某个形象。我们生活在一个愚昧且自以为是的世界里，这种愚昧好比所有邪恶之树的树根。鲍德里亚更进一步地说，之所以说邪恶普遍存在的确有可能，正是因为我们不知该如何讨论它。因此他认为有必要回归二元论，恢复在摩尼教及其他神话中有关邪恶的原则，并将其与善良的原则相对立。另一方面，安德鲁·德尔班科坚持认为，我们应当重新理解邪恶，而不是回到过去的理解上——尽管他没有就如何重新理解提出有效的建议。

我们可能不赞同上述说法，认为邪恶一直无处不在，它可以藏在各种现象里，有关它的概念似乎超出我们的理解范围。那么，对邪恶的想法可能通过神话的表现形式得到理解吗？保罗·利科（Paul Ricoeur）从这一点开始研究邪恶象征主义理论。利科坚持认为，或许不可以通过哲学反思对邪恶进行思考，因为理性预设了存在有意义的背景，那里容不下邪恶的想法，而神话故事和符号可以帮助我们理解邪恶。要小心的是，神话故事容易陷入本体论的范畴，即用来表现他物的方式会被误以为是实际存在的积极力量。因此，神话就发挥了解释而非符号的功能。利科坚信，分解神话去解释邪恶是让神话回归符号功能的必经之路。但是，如今邪恶有哪些符号象征意义仍与我们相关呢？

没有必要想象存在一个超自然的地狱。纳粹集中营已然活生生地孕育出了这种从宗教传统中承袭下来的地狱概念。同样，也没有必要想象出一个超脱凡尘的恶魔去认识魔鬼行为主体是何人，他们就在我们身边，生活在你我之间。虽然我们无法不断地在某地或某人身上发现邪恶，但是我们确实能感受到邪恶在某些地方和某些人身上表现得更活跃。

很少有人会否认世上存在邪恶，但实际上很多人会否认存在所谓的恶人。大众普遍避讳使用“邪恶”这个词去形容那些在现代比其他人更能让邪恶具象化的人。这种说法并不能充分说明有关邪恶的概念是如何退居幕后，如何被束之高阁的。我赞同阿伦·布洛克（Alan Bullock）的说法，即如果我们不能批判希特勒是邪恶的，那“邪恶”这个词就毫无意义了。恶人是否存在？如果对他人作恶就叫邪恶，那我们可以毫不含糊地给予这个问题肯定的答案。如果我们更进一步地认为邪恶、变得邪恶必须是蓄意而非偶发的，那答案同样还是肯定的。另一方面，如果我们仍然坚持认为某人明知某事是罪恶的还要去做，这种恶才是真正的恶，即作恶的动机必须是邪恶的这一事实。接下来我必须更加谨慎，但在某种程度上可以确定的是“那些被定义为好的事物也可能成为作恶的理由”。

近年来，邪恶的概念似乎在伦理学领域东山再起——主要集中在大陆哲学传统与分析哲学传统上。在20世纪，人们不愿意讨论邪恶，因为这一术语超越了科学哲学的范畴，与神学问题紧密相联。这个趋势由来已久，按照马克斯·韦伯（Max

Weber）在《世界的祛魅》（*Entzauberung der Welt*）一书中所称的，随着“世界的幻灭”和宗教的势弱，自 16 世纪以来，我们看到关于邪恶的概念已经逐渐边缘化。马塞尔·格歇（Marcel Gauchet）在对宗教的政治历史进行精彩讨论时，这样写道：

> 上帝退缩，首先会让邪恶真实地在世人面前露脸，它被推回到罪人的自在本性中，稍后按照逻辑发展下去，我们会看到，邪恶如果没有完全被世人排斥，那么它的影响力至少也会具有彻底的相对性。邪恶依旧存在，只是它不再对事物的最终性质或人类的存在说三道四了。它不再源于本体论，而是源于病理学。

邪恶的概念在理性、科学的世界观下无处容身。决定人类境遇之真相的不再是宗教，而是科学。如今，这项任务主要是由生物学界领衔担当。然而，生物学没有所谓道德恶（moral evil）的概念。罗伯特·赖特（Robert Wright）在《道德动物》（*The Moral Animal*）一书中主张：

> “邪恶”这一概念从严格意义上讲不能归入现代科学世界观。人们似乎觉得这个概念很实用，原因是它隐喻了“恰当的”。这的确是一种企图诱惑我们享受各种快乐的力量——这些快乐现在或曾经是我们生性感兴趣的，但并不会给我们带来长久的幸福，还可能会置他人于不利境地。你可以称这股力量为自然选择的妖魔。更具体点，你还可

以称它为“我们的基因”（至少属于我们的部分基因）。如果你会情不自禁地用到“邪恶”这个词，那么就没有理由不去使用它了。

赖特的立场与作为道德概念的邪恶的观念共存。道德恶消隐成自然恶（natural evil）；赖特用基因替代了原罪。道德恶和自然恶的区别不易描述，但我们可以尝试说道德恶始于自由意志，而自然恶是自然而生的。生物学不能定义邪恶的道德概念，最多只能解释这种现象。生物学会用什么手段从恶中区分善？答案就是——“善的”可以被理解为“对个人繁衍有用的”，而恶可以被理解为一切没有用的事物。莱尔・华特森（Lyall Watson）写道，就算基因决定了我们是自私的，我们不一定非要变得自私。然而他话锋一转，赞同奥古斯丁（Augustine）有关原罪的教义，最后表示正如自然界其他事物那样，人性本恶。或善或恶都写在我们的基因里了。换言之，二者对我们每个人来说都具有实质上的可能性。

长期以来，传统的神学词汇被当作历史遗产。鉴于此，我们尝试使用一个更“科学的”词汇。不谈邪恶，转而谈论反社会趋向可以纠正的功能紊乱（这种功能紊乱一般被认为是由社会或化学原因造成的）。问题是，我们的词汇量与自身经验不匹配。可以归咎于作恶者，但无法责备功能紊乱——一种可以得到纠正的功能失调。实际上，这种观念剥夺了作恶者身上的一些基本要素，即自由和尊严。正如陀思妥耶夫斯基所写的：

> 为了让个人为自己的行为负责，基督教承认他享有自由。为了让个人依赖社会结构的瑕疵生活，环境的教条将他降级为一个完全无足轻重的人，将他完全排斥在一切个人道德责任和独立之外，让他陷入可想象到的最低级的奴役状态之中。

考虑上述方面，著名的虚构连环杀手汉尼拔·莱科特（Hannibal Lecter）拒绝因自身的瑕疵而被囚禁。他坚持自身的邪恶，因为那构成了他尊严的一部分："我没事……什么事都没发生。你们不可以让我的影响力四分五裂。"我们想重新定义邪恶，将社会的恶视为"社会问题"，个人的恶视为"人格障碍"。我们寻找导致邪恶的原因，这些原因经常游离在道德讨论范围之外。它们可以是自然的也可以是社会的，可以是天性和疾病使然，也可以是由贫穷和悲惨的童年经历导致的。然而，如果将所有人类邪恶归于这些原因——它们存在于作为道德客体的个人之外，即为邪恶提供了一种"科学"解释，那就是将道德恶降级成了自然恶，从而抹去一切道德标准。这种还原论与我们对自身和作为道德行为主体的他人的体验完全对立，道德行为主体支持内疚和责任等观念。

我坚持认为人们不可避免地会产生内疚感和责任感，这么想似乎落入了俗套。大卫·B. 莫里斯（David B.Morris）提醒道，邪恶的特征在后现代已经改变，不再被视为导致不幸的原因；反之，不幸自身被视为邪恶。很多理论家力求邪恶脱离个人责任。那样邪恶的产生就只能归于外部因素，例如“社会”。奥多·马夸德（Odo Marquard）描述了“邪恶的偏离”如何在现代性中成为可能——邪恶如何去邪恶化。我们过去习惯区分施加的邪恶和遭受的邪恶，以及主动的邪恶和被动的邪恶；但是，莫里斯认为如今只留下了“不幸遭遇”这一被动的恶。不仅是邪恶的化身，就连邪恶本身也消失无踪。唯一留下的是我们遭受的邪恶。当然这些恶的发生是有原因的，只是这些原因已经不算是邪恶的了。

邪恶的概念是科学讨论的热门话题。人类的不端行为不再被视为罪恶，而是各种原因产生的后果。在研究希特勒的文献中，我们看到一系列的原因被用来解释希特勒的行为，例如，希特勒与父亲的关系、与侄女吉莉·劳巴尔（Geli Raubal）的不正当关系、因身体缺陷所导致的不安全综合征等。这些文献认为倾向于什么原因要视研究者所处的学科而定，从基因、化学过程到社会关系和政治意识形态，无所不包。然而，希特勒不仅是特定原因的集合体，还是一个行动自由的人。一定还有其他无法被再度化简的，不依靠因果关系链依旧能够存在的因素——它们允许我们做选择，我们称其为自由意志。没有自由意志，道德恶便不会存在（我在这里并不是说任何科学解释都是不合理的，只是强调合理性是有限的）。因此，我们永远无法顺利地为邪恶辩解，做出合理的解释。个人是自由的，意味着个人在具体的情形下会有不同的举动，那么，一旦有人作恶，他就会被指责没有随机应变。

无论如何，我们依然对“邪恶”有着普遍、模糊的理解，用“邪恶”一词指代事件、行为和人；这些事物当然也能用其他词语来描述，关键是“邪恶”一词是否有助于我们理解它们。我认为可以。当我们想把自己领入一个称作“世界”的神秘景观中时，这个观念会成为一种宝贵工具。我还相信“善”与“恶”不仅代表了某人评价不同现象的方式，还指代了既定现象本身，即我们评价的客体。换言之，我不敢苟同哈姆雷特的那句名言——“世上之事本无善恶之分，皆是思想使然。”只要 X 具备邪恶的特性，那么判定“X 是邪恶的”就是合理的。那么，说“X 是邪恶的”意味着什么？所有人都希望过上小康生活，却并非总能如愿以偿——从最宽泛的词汇意义上看，邪恶可被理解为阻碍实现小康生活的一切事物。我们理解的邪恶包括自然灾害和疾患——许多人将 1755 年里斯本大地震看作地球表露内心险恶的迹象。从狭义角度来看，邪恶代表了那些企图对他人造成伤害的、有预谋的人类行为。我们早期习惯采用较为广义的表达方式，如今则偏向狭义的。

邪恶不单是包罗万象的问题。它还代表了令生活陷入逆境的诸多具体现象。然而，人类总希望发现绝对的邪恶概念，以便让所有不幸都可归咎其身。诺瓦利斯（Novalis）总结道：“我们遍地搜寻无条件的绝对的概念，却总是只能找到有条件的相对的概念。”即我们总在寻找终极的恶，可找到的总是个体的恶。终极的恶是不存在的。据我估计，不存在的是那种自主性的恶，无论其是否在场。“善”与“恶”是相对的概念，是善，是恶，只有与他者相比才能判断，并不是只看本体。邪恶不是物质或事物，而是事物、事件或行动的特征。邪恶不是确定的、定义明确的，也没有实质的内核。它是宽泛的、用以描述行为和遭遇的概念。事实上，邪恶的概念代表了纷繁复杂的现象，包括疾病、天灾、死亡、战争、种族屠杀、恐怖主义、毒品交易、奴隶制、强奸、虐待儿童等；内容太过广泛以至于丢弃了具体的内容。这些邪恶都被认为是人性所致，邪恶的概念因而变得实际，尽管难以确定使用时需要具备哪些充分必要条件。当然，为了证明这些恶是存在的，我们想去寻找恶背后的意义。这个意义保证世界的存在是已经证实的，让我们相信事情会朝着更好的方向发展；这个意义在许多地方显现出来，如宗教、对进步的信念和政治意识形态。不过，我的态度是，邪恶的意义不能，也不应该被证实，任何为了让我们与世间不幸和解的努力都是错误的。在人类历史中的无数悲剧并不存在所谓的意义。它们不能被神圣计划或积极的历史力量证实。

我们对邪恶最困惑的一点，是它的不可理解性，它兼具魅惑和冷淡的个性。说它不可理解，是指邪恶的概念含有某种模糊性；作为一名哲学家，我有义务去理解事物，所以必须假设我所选择的主题是可以被理解的。而且，只因为我觉得理解这些现象是可能的，并不代表我将能够理解。雷蒙德·盖特（Raimond Gaita）声称："善恶拥有神秘的气质，没有形而上学的或宗教的解释能够揭开这层神秘面纱。"我质疑使用"神秘"这个词的妥当性，因为它暗示了一种特殊的深度——只能凭借特定的洞察力和特殊的直觉一探究竟。是不是任何人都能识别恶呢？我们可以看到邪恶以迫害、饥饿、酷刑、谋杀等事件形式出现。我们之所以能更深入地读懂这些事件，是因为我们渴望获得某种意义的维度，它正是邪恶的表征实际上所缺少的。

本书不是要深度挖掘这些事件以便找到一切恶的根源。反之，我试着去尽可能地靠近表象，即浮现邪恶现象的地方。要了解邪恶，就得从生活中发生邪恶事件的地方开始。利科认为，我们为了弄清楚去神秘化的概念付出的代价，就是减少了思考的深度。而当我们思考邪恶概念时，对表面现象的要求很苛刻，看似让它们提前"深入了一步"。邪恶当然欢迎我们进行深度思考，因为它抗拒既定的形式和框架，不爱受控制。例如，伊曼努尔·勒维纳斯（Emmanuel Levinas）眼中的邪恶是不能融于俗世的，当人们试图从整体上认知世界时，邪恶总是显得格格不入，它总是甘愿当一名局外人——激进的他者。邪恶在我们眼中是混乱、反理解的——或许正是这种对邪恶的体验构成了诸多阙失理论的基础，前提是邪恶仅被视为良善的缺失或缺乏。这些理论看似解释了邪恶为何难以捉摸，因为它是虚无缥缈的。想要抓住邪恶的脚只会沦落到双手在虚无的境地乱挥。问题是，这些阙失理论无法充分解释当我们混乱地体验邪恶时的那些“积极”时刻——在这里事物是既定的，而不是缺失的。

就算不借助邪恶的理论我们也能识别邪恶。它是这个世界不可避免的一面，先于哲学反思而存在，原因在于它存在于构成反思基础的经验里。从这个角度看，哲学本身被视为对业已存在的意义或经验进行的反思。哲学的内容和合理性从业已完成的理解中孕育出来。这是一种有意义的方法论，因为如果要保持这种合理性，哲学就需要保持与前哲学的联系。因此，邪恶一面是抽象的、不易捉摸的，另一面又是具体的、有迹可循的。受虐孩童、袭击无辜者的炸弹、被屠杀的民众——这些都是实实在在发生的事。当试图去理解此类事件内在的恶时，我们经常会迷失在日益模糊的抽象中。最终，我们会困在抽象里，看不到构成最初反思基础的具体的恶。多数有关邪恶的解释只能算是对邪恶的辩解，在研究邪恶的文献中占极大篇幅的众多神义论尤其突出。为了防止人们忽视具体的恶的存在，我打算撰写一部相对具体的学术作品。

本书在某种程度上可作为研究邪恶现象学的素材，它思考邪恶是如何表现自身的。现象学家海德格尔（Heidegger）对邪恶进行了反思，但是与我的研究方向有较大差异。他主要想将邪恶纳入本体论而非道德或政治问题中，试图深挖邪恶的洞穴，而我却选择待在表层。海德格尔认为道德是一种派生物，而我认为它是理解邪恶的基础。简单来说，我对这个课题的立场是，邪恶首先是一个实践问题，我们得尽最大可能避免置他人于水深火热之中，在海德格尔看来这恐怕是理性在现代的颓靡。事实上，按照海德格尔对邪恶的理解，他的这种观点本身就是邪恶的。他想揭示一种本体论的恶，可以更深入道德之境，我认为他的尝试失败了。不过，如果对这一点详加讨论的话，那会占用太多篇幅。

本书的主旨显而易见：邪恶首先不是理论概念，而是实践问题，即邪恶是如何步入尘世的，是否实质性地存在，或者它只可被理解为一种不在场，相比如何避免邪恶都显得不太重要。我认为哲学——更大程度上是神学——已经过分重视理论而轻视实践。今天，宗教分析哲学在这方面走得尤其远。当个人自身遭受不幸时，如果不首先把神义论视为最紧迫的问题，那他人惨遭不幸时也不应当如此。当然，作为哲学家，我得为本书做出理论贡献。同时，书中的很大篇幅会被用来解释我所谓的理论盲点。本书从理论向实践过渡，从神义论向政治学过渡，在此过程中，政治问题会代替关于邪恶的经典本体论问题。

在 20 世纪，数百万人因为战争、种族屠杀和酷刑失去了生命。这意味着每分钟就有多条生命葬送在政治，即意识形态中。从 1900 年到 1989 年，大概有 8600 万人死于战争。与同时期因饥饿而死亡的人数相比，这个不算多，但是要看到许多饥荒也是由意识形态的原因导致的，因此而死亡的人数巨大。在两次世界大战中，世界上大约有三分之二的人死亡；如果将这些死亡数字平摊到这 89 年中，我们会发现 20 世纪平均每一小时就有 100 人死于战争。死于战祸不是新闻，放眼过去 3400 年中，仅仅有 243 年处于和平状态。对 11 个欧洲国家进行研究发现，在过去一千年的约 47% 的时间里，这些国家要么卷入战争，要么卷入其他类型的军事冲突中。在 20 世纪中的任意一段时间里，平均每发生三场冲突就会导致民众大批死亡。

在霍布斯（Hobbes）看来，暴力致死是最大的恶。此外还有许多其他的大恶之事，其中，让人在慢性病痛中渐渐耗尽生命不能不算是一种大恶。但是，暴力致死仍然是最恶劣的一种邪恶，无论如何，如今霍布斯的断言都比奥古斯丁的“永恒之死是最大的恶”更能引起人们的共鸣。相对于活人之间的互相伤害，永恒之死似乎是一个相当诱人的选择。就暴力这一问题，我关注的依旧是犯下这些罪行的作恶者以及这些罪行的受害者，而不是一般的政治关系。我不相信，在奥斯威辛集中营或波斯尼亚能找到有关现代西方文化、文明的终极目的等深层形而上学方面的真相。在那里，上演了一群人在特定政治、社会和物质条件下处决、折磨和谋杀他人的悲剧。没有合适的理由能解释为何我们应当借助历史形而上学的原则，个人精神存在的最深层（指某人真实的样子）等来理解此类事件。我们在具体的社会物质空间下看待具体的邪恶行为主体，有必要保持这种行为主体视角。社会物质空间从来不会自动显现，它是由按照该空间施加的可能性和局限性行事的个人组成的。只有在一群人愿意在很长一段时间内去屠杀另一群人时，种族杀戮才会成为可能。我们可以从不同层面做出一系列解释，这样有利于我们看清这一现象，而最终我们无法回避这样的事实，即某一群体的成员一定是自愿去谋杀另一群体成员的，因为后者与他们不在同一条船上。正如休・特雷弗–罗珀（Hugh Trevor-Roper）指出的，在猎杀女巫的背景下，只要有大群人支持并参与其中，这种暴行就会发生。没有哪个暴君或独裁者能凭一己之力去迫害一大批人。而且，多数参与迫害的人也知道孰善孰恶。他们明知不能对同胞实施酷刑和杀害他们，可是他们不会让这种见解影响他们的行动。这又是如何成为可能的？如果想了解参与种族屠杀及其他类似罪行的主体参与者，我们就得转向不常被讨论的邪恶的另一面，暂且不管那些认为邪恶行为主体为了恶而作恶的一般性论调。我们要分别看向理想主义的邪恶和“愚昧的”邪恶——一方面，行为主体或许认为自己的行为是善的，因为受害者被视为“邪恶的”；另一方面，行为主体不屑于反思其行为究竟是善还是恶。

大屠杀为之后一切有关邪恶的思想指出一条具有决定性意义的道路，即便它常常作为单一事件而不与他者进行比较。因此，讨论大屠杀时出现了一个自相矛盾的问题，即它会被视为一种独特的、无可类比的事件，同时又被作为衡量其他邪恶的标准。我认为，应当永久、彻底地摒弃这种将大屠杀视为完全独特的观点。这种独特性观点不仅暗示人类历史上没有发生过像大屠杀那样的事情，还暗示了今后不会再发生此类事件。例如，阿多诺（Adorno）认为，希特勒对人性强行施加绝对律令，“他规划我们的思想和行动，于是奥斯威辛集中营便不会自行复制，这样一来没有类似的事件会再次发生……”注意，阿多诺使用了“没有类似的事件”，这弱化了他所认同的“独特性”论点。但是他加上的这句话很关键：“我们不仅要提防另一座奥斯威辛集中营出现，还要防止再出现一个斯雷布雷尼察、卢旺达、刚果，以及无数类似的其他情形。”阿多诺还建议人们认清楚，“认为只要第二次世界大战结束，犹太人得以肃清，生活就会平稳前进”是一种愚昧的想法。不过，生活大体上会照常进行下去。大屠杀没有为历史画上句号，而是让自己变成了历史……尽管某一段历史让我们必须承担责任来防止复制惨剧；与此同时，即便我们满怀责任心，这类不幸仍在慢慢复归，而且很有可能卷土重来。

大屠杀必然代表了特殊的邪恶势力，但它是由普通人实施的，包括发动大规模清洗、释放毒气、纵火、洗劫村镇、进行人体药物试验、残害犹太人以便将他们的骨骼捐献给德国大学的解剖系做研究——这些作恶者的道德观无法用来区分大屠杀和其他种族灭绝。大屠杀是世界上最惨烈的种族灭绝手段（用特定标准衡量），但它确实可以与其他种族灭绝类型相提并论：万物都具有可比性。根据经验主义（被杀害的人数、用于杀害的技术手段及其有效性，等等），大屠杀不是独立事件。与较早期的种族灭绝相比，大屠杀确实展现出一些史无前例的特点，不过这不代表我们面对的是绝对的独特性或历史的非连续性——事实刚好相反。

举例来说，大屠杀与 1915 年发生的土耳其对亚美尼亚种族灭绝有直接关联，土耳其 130 万人中有大约 80 万人遭到杀害。纳粹因此受到“启发”——当时德国政府与土耳其政府关系密切。土耳其方面仍然不承认要对此次杀戮负责，它们辩称“仅仅”只有 30 万名受害者——好像 30 万算不上惊人的数字——还辩称此次大屠杀不是由政府计划和实施的。土耳其的官方立场是完全错误的，在过了近 100 年后他们应该可以承认这段史实了。同时，尽管如今土耳其迫害库尔德人很难算得上是种族灭绝，但它在过去的数十年中依然夺去了大约三万条生命。

在比属刚果，即现在的扎伊尔也发生过令人恐怖的事件。约瑟夫·康拉德（Joseph Conrad）的《黑暗的心》（*Heart of Darkness*）一书描写的不只是一个幻想世界；在比利时国王利奥波德二世（Leopold II）的统治下，比属刚果接近康拉德笔下的世界，甚至比它更糟。很难准确算出有多少人直接死于比利时的政策下，最普遍的估算是，1880—1920 年在比利时管辖期间，当地人口从两千万骤降到仅剩一千万。这些数字令人惊心动魄，因为比利时当初进入刚果是基于经济原因，比利时并不是单纯地想像其他种族灭绝那样屠杀当地居民。比属刚果的暴力事件是工具性的恶，它基于的理念是，最佳治理就是在所辖领土追求利润最大化。同时，暴力升级如此之快以至于破坏了自身的效力。许多宝贵的劳动力不是被清除，就是因此致残。国王利奥波德二世后来承认，砍掉一个刚果人的手是不理智的，至少应该让他能继续工作。除此之外，他也没有考虑好应该如何对待当地人。最终，比属刚果的恐怖活动开始拥有自己的生命，脱离了其工具性的根基。多数实施这些“反人类罪行”的行为主体都是普通人，他们没有特别的施虐倾向，尽管这确实吸引了一小批以虐人为乐的人。从残忍程度和规模上看，比属刚果事件堪比大屠杀，不过两者的动机完全不同。纳粹的目标更理想化：我们很难理解大屠杀为何会发生，原因可能是，工具性不是它的首要属性。犹太人没有对非犹太居民造成威胁，也没有想要挑战政府的权威。犹太人并没有挡谁的道。换言之,“犹太问题” 不算真正意义上的社会、经济、宗教、领土或一般的政治问题。

在卢旺达种族灭绝事件中，有大约 80 万人被胡图人杀害，这显然是一个被政治驱动的事件。虽然受害者多数是图西族人，但许多态度温和且睿智的胡图人也遭到了杀害，因为他们不够“激进”，于是被归入“敌人”的阵营。屠杀图西族人是一项艰难的任务，部分原因是许多胡图人只有砍刀这一种装备，但结果却是他们比纳粹清洗犹太人的速度更快。然而，暴力不只是凶杀这么简单，还有强暴、酷刑、致残等暴行。类似地，还有 1966 年在印尼发生的清洗华人事件，印尼政府杀害了数十万华人。印尼在 1975 年入侵东帝汶时，约 20 万东帝汶人，即过三分之一的人口被屠杀。种族灭绝和类似的悲剧只会日益增多。

恶行无论规模大小总是包含错综复杂的成因。牢记它的复杂性，不要认为所有邪恶均是由单一的根源所致。我说过，许多关于邪恶的理论做出假设，认为恶行的根源在于想制造伤害的意图——即邪恶本身是一种目标，它又将自身作为目标。这就是我要说的“恶魔般的”邪恶，但这不是主要的形式。将一切邪恶等同于恶魔会忽视无穷的多样性。这种单向视角也会促使我们轻视邪恶的问题，因为我们不认为自己是“恶魔”。邪恶不只是“恶魔般的”，上文提到多数参与种族灭绝的人是没有施虐癖好的普通人，我会一直强调这一点。在特定的情形下，人们会对同胞做出难以启齿的恶事，突出这些极端情况很有必要。本书的第 3 篇“人类学视角下的邪恶”将重点探讨这一问题。

邪恶主要属于道德范畴，它影响着人们的一言一行。因此，了解应当如何对待邪恶，和了解人为何会作恶同样重要。在这里，我会从客观描述走向规范伦理学和政治哲学。邪恶的真正问题正在于此。在第 4 篇“邪恶的问题”中，我将试着证明这个问题属于实践问题，因为阻碍和限制邪恶发挥影响的范围，比解释它们是如何降临人间的更有意义。邪恶的问题不应当归为神学或自然科学的范畴，它也不属于哲学，而是道德和政治话题。本书的一项重要目标是消除我先前提到的理论盲点——很多存在于第 2 篇对各种神义论的讨论中——它们会让我们被具体的恶行分散注意力，只关注抽象的而非实质的问题。

Ondskapens filosofi

第2篇

Ondskapens filosofi

神学视角下的邪恶

普里莫·莱维（Primo Levi）写道:“在奥斯威辛是见不到上帝的。”在奥斯威辛集中营被关押了几年后幸存的莱维，在 1987 年逝世的前几天还在重复这句话——他显然是自杀的。陀思妥耶夫斯基笔下的浪漫派代表人物伊万·卡拉马佐夫（Ivan Karamasov）没有借用奥斯威辛这样激进的象征符号发声，而是用“孤独小孩的眼泪”做比喻。我们可能会说，莱维有一个否认上帝存在的论据论证，而伊万·卡拉马佐夫更有逻辑论证。论据论证认为，全世界邪恶的力量无法与信仰上帝的力量共存，而逻辑论证声称邪恶的存在不能与相信邪恶存在的观念共存。逻辑论证试图说明有神论是自相矛盾的，而证据论证认为不太可能存在有神论。

伊万精彩演说的核心内容是孩童的纯真。伊万相信让纯真的孩童遭遇不幸是无法容忍的罪恶。陀思妥耶夫斯基在一封信中写道:“我的主人公选择了一种令我无可辩驳的论点，即世人对孩童的不幸无知无觉，他得出结论称所有历史现实都是荒谬的。”伊万一开始就着眼于发现儿童和成人的差异:

> 我本想大致告诉你人类的悲惨命运，但现在我决定只谈谈儿童的不幸……我也不会谈论成人，因为他们除了不善赐爱、不配得到爱之外，自有办法补偿自身的不利：他们吃掉了知识的果实，了解了善恶，把自己变得跟上帝一样。他们不停地咬苹果，却没发现孩子们还没吃到。他们没有罪恶感……这些成人之所以在今生陷入苦海，是因为他们在为父辈的罪孽背黑锅。不过，这属于另一个世界的逻辑，无法为地球人理解。无辜者不应当为他人的罪孽受惩罚，尤其是这样一群幼小的无辜者！

然后，伊万举出了一些具体例子，它们是陀思妥耶夫斯基从现实生活中发现的：

> 人们常常将这种人性残忍视为兽性行为，当然这对动物们很不公平，因为没有野兽会比人类更残忍——而且残忍得如此冠冕堂皇。老虎啃咬猎物，将其撕成碎片，这是它在猎食时必须要做的事。老虎从来不会将人的耳朵钉在篱笆上，就算有能力也不会这么做的。那些突厥人似乎从虐待孩童中获得了无上的快感，他们无恶不作，例如用匕首割开妇女的子宫取出未足月的婴儿，让妇女眼睁睁地看着婴儿被抛到空中再落到刺刀尖上。在小孩的母亲面前犯下这些罪行会刺激他们的感官。然而，在比利时人告诉我的这些事中，下列情景尤其值得关注。试想一下，母亲

> 颤抖着将婴儿抱在臂弯里，被一群突厥人包围，他们在玩“游戏”：突厥人大笑，给婴儿挠痒痒也想让他笑。婴儿果然咯咯地大笑起来。然后一个突厥人用枪对准婴儿，枪头距离他的脸只有四英寸[①]。婴儿笑得很开心，想用小手抓住枪头。突厥人猛然间扣动扳机，子弹射穿了婴儿的头部。

伊万的兄弟阿廖沙问他为何要举这些例子，伊万说：“如果恶魔不存在，即它只是人类的创造物，那么人类就用自身的形象塑造了恶魔的形象。”伊万引用的最极端的例子大概是发生在俄罗斯一所宅邸的事件。事件是这样的：一个八岁小男孩扔石头砸到了一只狗的爪子。不巧的是，这只狗是一位退伍将军养的宠物。于是，狗主人抓住小男孩把他关在小屋里一整夜。

> 他们从警卫室将小男孩拎出来。那天冷飕飕、雾蒙蒙的，非常适合“打猎”。将军命令手下将小男孩的衣服剥光。小男孩瑟瑟发抖，似乎被吓坏了，不敢吭声。“让他跑，然后去追！”“跑，快跑！”猎狗嚎叫起来，小孩拔腿就跑。“咬他！”将军咆哮着。猎狗袭击小男孩将他压在身下，撕成碎片，而这一切都被男孩的母亲看到了。

伊万否认此类事件是神圣的天意。因为在上帝创造的世界中发生这样不道德的事情，上帝是要为此负责的。伊万回避上

① 1 英寸约等于 2.54 厘米。——译者注

帝，因为他无法接受上帝的道德律。他还让阿廖沙考虑下列情形：“假设你被征召去建立人类命运的大厦，好让他们最终获得幸福、和平与安宁。当你知道为了实现这一目标不得不去折磨一种生物……当她无怨无悔地流下眼泪时，这座大厦就会竣工，你还会同意这样做吗？”阿廖沙不情愿地承认他下不了手。就连阿廖沙这种忠诚捍卫上帝的人也拒绝与上帝站在同一道德立场，这么看来，他对“上帝的道德”的论证是空洞的。

在《卡拉马佐夫兄弟》（*Brothers Karamasov*）一书接下来的章节中，陀思妥耶夫斯基试图通过对修道士佐西玛的描写来驳斥伊万的世界观。然而，很少有人认为这种驳斥是成功的。陀思妥耶夫斯基让伊万的论证无懈可击。不论辩驳成功与否，许多理论被提出来，是为了说明世上的苦难可以与上帝的理念共存。这些理论不仅属于观念史的范畴，它们在今天也依旧活跃——尽管“上帝”一词常常被其他概念如“历史”替代。我只是从负面讨论这些理论，即主要将邪恶的神学视为一个理论盲点，它阻碍了我们理解邪恶所引发的真正问题。

神义论

“神义论”（theodicy）这个词由莱布尼兹（Leibniz）提出，它是希腊语“上帝”（teos）和“公平”（diké）的结合体。神义论关乎上帝存在的正当性，对其正义展开论证。神义论与基督教精神相关，多数论证已经存在于希腊的前基督教思想中。基本原则见于赫拉克利斯（Heraclitus）的演讲，他声称在上帝眼中万物皆为美好和正直的，而人类会将一部分事物视为公正的，将其余的视为不公正的。神义论此后发展的基本前提与此相似，即认为某事不公正或邪恶只是因为我们的理解力有限，而这一切（所有部分抑或所有部分之和）从神圣的视角看都是善的。在柏拉图那儿，我们能发现对自由意志的论证。他认为邪恶是我们在练习选择时存在的，声称这是所有可能存在的世界中最好的观点，而阙失论证则坚持认为邪恶并非实质的存在，可以被理解为一种不在场。尽管这一思想源于柏拉图，但它的确是由普罗提诺（Plotinus）首次系统性地构建的。在此，我得提一个可能误导读者的问题：古希腊哲学事实上不包含“邪恶”的实质概念，尽管翻译成现代语言时使用这个词比较方便；将上述理论追溯至希腊哲学家，意味着将之后的概念附加在这些哲学家身上——至多是增加了一些不确定因素。然而任何涉及邪恶的观念史必然包括古希腊人，因为他们的理论深深地影响着其后的理论发展。

其次，有关上帝的万能或神圣性与世间不幸遭遇不相容的论点要追溯至伊壁鸠鲁（Epicurus）和塞克斯都·恩披里柯（Sextus Empiricus）。公元 303 年拉克坦谛（Lactantius）在《神的烈怒》（*The Wrath of God*）中对这一理论进行了构建，使其成为经典。他总结了四种可能的情况：

- 上帝想征服邪恶，但没有能力；
- 上帝可以征服邪恶，但不会付出行动；
- 上帝不能且不会去征服邪恶；
- 上帝可以且将会去征服邪恶。

这四种情况可以这么理解：上帝要么是邪恶的，要么是无能力的（最终既邪恶又无能力），或者邪恶并不存在。因此，由否认“世上的不幸与善良伟大的上帝的观念是并存的”所产生的矛盾可能包含两种决议：要么否认世界是令人煎熬的（即苦痛最终归属于善的更高秩序），要么否认上帝的一种或多种特性（例如存在、仁慈或万能）。一般来说，有神论者会选第一种，无神论者会选第二种。

逻辑论证和证据论证都认为邪恶的存在令上帝无处安身，而神义论视上帝的存在为合理的，试图表明世间既可以有上帝也可以有邪恶。神义论处理的问题中有许多也是逻辑论证和证据论证处理的，但它的目的不同——为了表明信仰上帝是正当之举。神义论会审判上帝，但它是预先下裁决的：在审判开始之前，被控诉者就被宣告为无辜者。这样看来，神义论可能不是用来证明邪恶是正当的，而是一种用来解释当世间充满诸多不幸时上帝如何看起来无辜的手段。神义论来源于“认知失调”和一种看似可能的悖论——对世间的不幸夸大其词，认为世界必须是绝对正义的，因为它由正义的上帝所创造。神义论旨在平衡这种不协调，让人们看到世界其实是充满正义的——不幸在所难免，上帝不对不幸负责……

我将要讨论由不同理论衍生出来的论辩策略。不过，我提到的多数思想家并不限于使用单一的策略，而是结合了好几种，包括阙失论证、整体论证、自由意志论证以及美学论证。在这方面奥古斯丁是一位典型的代表人物。他在《忏悔录》（*Confessions*）中采用了阙失论证、整体论证和自由意志论证，尽管未能清楚地区分这三者之间的差异。笛卡尔（Descartes）用一整页的内容首先论证了邪恶不是积极的存在，它只是基本的缺位；其次，他论证了邪恶仅仅是自由意志催生的；最后，他认为有些事物必然是不完美的，以便让杰出者脱颖而出。上帝自然不应因此受到指责，因为是他让宇宙日臻完善的。相互矛盾的论点让这个话题具有迷惑性，我想分别单独分析每个论点。有人可能会反对我这么做，认为这些论点构成了一个整体，它们之间甚至会相互支撑，但是如果每个论点都是不合理的，正如我将要证明的那样，那它们构成的整体也必定是不合理的；如果我认为有必要揭示这些神义论是不可信的，那是因为在我心里它们只有一种功能，即只是证明或辩解世上存在的所有邪恶都是合理的。但是，邪恶永远不能被赋予正当性，或通过辩解逃脱责罚——我们应当痛击邪恶。

阙失神义论

首个系统构建阙失理论的人是新柏拉图思想家普罗提诺。他在《九章集卷一》(*The First Ennead*)第八篇中专门讨论了“邪恶之本性和来源”。普罗提诺认为存在的最高形式是唯一。但是我们无法了解也无法感知这种唯一；它不含定性或定量的特征；既不活跃也不安定；既不在时间里也不在空间里。趁唯一“不注意”的时候造物就发生了，好比太阳放射出光芒。这种喷涌的力量叫作显灵，显灵形成许多神造物，从最高的精神存在到最低级、最物质的层面。作为本源的唯一是善的，离它远一些，就离恶近一些。因此，事物本身必须是完全的恶之存在。从这个观点出发不能确定世间是否真有邪恶，因为所有的存在都是由善的显灵得来的，一切显灵本身是善的。化解这个困惑的方法是，认为恶没有实质的形态，它只是善的阙失，而这种阙失是有必要的。从本源开始向前走，显灵必须有“最后一步”，到了抵达这最后一步(即物质)的时候，就完全没有善可言了。因此，普罗提诺反对那些抱怨恶之存在的人，认为他们不理解最精彩的世界必然包括诸多恶行，而且这些邪恶只是善的阙失而已，实际上没有任何现实性。这个世界将有必要包含不同程度的不完美。

奥古斯丁在阙失理论上前进了一步。他同样坚信恶只是善的阙失，因此恶不是实际的存在——这个观点直接承续了普罗提诺的阙失理论，丢弃了他的“万物皆恶”观点。奥古斯丁说大自然中不存在邪恶。大自然本意是好的，就算会腐朽也永远不会与邪恶沾边。这一理论又经托马斯·阿奎纳（Thomas Aquinas）进一步完善，他相信邪恶不能被理解为一般意义上的阙失。例如，某人没有翅膀不为恶，因为人类本就长不出翅膀。而如果鸟类失去了翅膀那就是恶，因为这种阙失直接与鸟的本性冲突。那么偏离上帝希望我们拥有的本性即是恶，在阿奎纳看来，人性就是做得比上帝期许的少一些而已。

其他思想家也发展出了一些阙失理论，但仍然有些支持者徘徊不前，不过他们已经从有关恶的问题讨论的中心走向了边缘。阙失理论只研究邪恶的本体状态，逻辑上独立于在一定程度上讨论“万物即整体，存在即合理”的理论。需要这种独立性，是因为阙失可以包罗万象，让整体本身看上去是恶的。阙失理论与负疚的问题没有逻辑关系：即便邪恶被理解为善的阙失，这种阙失也可被看作是自愿的，是上帝自愿消除一些善。奥古斯丁和托马斯·阿奎纳辩称，人性选择变得不完美，从而与上帝保持距离。而这一论点也可以拿来为上帝所用：上帝已选择创造一个不完美的世界，他要为这个选择负责。我们可以反对创造完美是必要的，一些不完美本来就无法避免，而这种反对还会遇到这种反对意见，即认为不应当首先创造出这类耀眼的不完美。结果，造物开始变得有点像是上帝的错，我们要一直为这个错误付出代价。因此，阙失论证没有证实上帝是慈爱的和无所不能的。论证基于“上帝创造的万物都是好的”思想，他不能因没有创造的事物而受到谴责。但是，一个善良伟大的上帝会对所有阙失以及一切积极生存的事物负责。

我赞同阙失理论的研究者有关恶并非实质存在的观点，但前提是“实质存在”是指恶是一种事物。我认为恶是事物的一个特征，不能算独立存在于事物。我的这种反对意见是针对阙失更激进的理解，它坚持否认那些被认为理所当然的道理。从现象学方面理解，邪恶是一种积极的存在。遭遇不幸不只是快乐的阙失；遭遇不幸有其现实基础。从本体论看，你可以说不幸的根源在于人类生命的有限性和世界的不完美，等等。问题是，这个本体论的基本观点是否有助于思考邪恶的现象？我觉得不能。在最佳的情况下，阙失理论对理解现象不关心，在最不利的情况下它只试图对现象进行辩解。

自由意志神义论

自由意志神义论最早由柏拉图提出。他在《理想国》（*The Republic*）（卷二）中写道，上帝是无辜的，我们得去往别处寻找恶之源。在卷十中，他进一步扩展了这一观点，主张要为邪恶负责的是我们自己而非上帝，因为我们有选择的能力。柏拉图的论点基于实用主义。一旦人们相信是上帝对人类和其他神灵做了恶事，他们就不会把自身的罪孽当回事了。

在上述理论的基础上，奥古斯丁写道，邪恶的行动来源于邪恶的意志，而邪恶的意志本身好似无根之木。它不会向邪恶转身，而会疏离上帝——只有当意志转向卑鄙时才会变得邪恶。于是，奥古斯丁说意志本身一直在寻觅善之形式——有时只是一种较低级的善而已。这样看来，人类行为本身被视为恶。如果我们质疑人们为何会作恶，就去有关原罪的教义里一探究竟。该教义追溯了道德恶的本源，认为它存在于祖先亚当和夏娃违背上帝意志而做出的选择中，从而解答了有关恶的部分难题。这个观点也充满矛盾。例如，选择从智慧树上偷吃苹果，然后人类才能获得有关善恶的常识："那人已经与我们相似，能知道善恶。"然而，通过选择自由意志之前，你得明白选择行为意味着什么。不能说是人类选择了作恶，他们在越界之前是不知道何为恶的。如果越界让亚当和夏娃获得了识别罪孽的必要知识，就不能说人类自由选择了作恶。即便抛开悖论，我们也很难想象罪孽是可以遗传的。你可以承续自然恶，例如先天性心脏病，但不可能遗传基于个人选择的道德恶。认为仅凭一次越界就要谴责所有人，是不合逻辑的想法。还有一些思想家试图捍卫原罪的教义，我不认为这值得理性讨论。

再来看一看托马斯·阿奎纳，他认为道德恶的全责在于个人的自由意志。若是如此，我们基本上就能断言，世界如果没有个人的这种自由意志将会变得更好。但是托马斯坚信，如果人间无罪，那么世界就不完整了。值得注意的是，“种下罪孽之籽”而非罪孽本身促成了世界的圆满，因此个人仍然要为一切实际发生的罪孽负责。阿奎纳将这个想法与另一种信念结合——上帝能够感化所有恶人，并使之向善，但考虑到恶的存在是必要的，他没有执行这项任务。如果恶总能发挥积极作用，我们为何总要避之不及呢？为什么不干脆多做些恶事以促使产生更多的善呢？

理察·斯温伯恩（Richard Swinburne）认为，在仁慈的上帝创造的世界里，人们既能享有自由意志，也能对同胞负有责任感。即便这样的世界会有邪恶，它也会包含美德贤良。同时，《圣经》上也反复强调没有什么事是上帝办不到的。约翰·麦基（John Mackie）等人指出，上帝已经创造出了一个让人既有自由意志又能向善的世界。自由意志中没有哪一条规定让我们选择去作恶。所以，如果上帝未能构建一个让人类持续选择从善的世界，那就应当受到责备。

我们不会在恶之存在中获得自由的价值，这是因为暂时没有可靠的方法。例如，限制自由意志——设定在实践中我们总是选择做善事——会降低人类生命的价值吗？很难找到确切的答案。即便你认同自由意志是恶之根源的看法，它也只是解释了道德恶而非自然恶。托马斯·阿奎纳认为，上帝对自然恶负有责任，但自然恶并不是真的邪恶。即自然恶显得邪恶，是因为我们的理解力太有限了。其实，自然恶是善良整体的必要组成部分。接下来，我会回到整体论证上对其进行驳斥。

我同意自由意志神义论对“选择”的强调，但是我不信仅仅谈到自由意志就能令人信服地解决这个神学问题，更不用说神学维度还不能帮助我们理解自由与邪恶的关系这一事实。

艾仁纽神义论

艾仁纽神义论是以艾仁纽（Irenaeus，130—202 年）的名字命名的。这个理论认为，至少部分邪恶确实可以归咎于上帝。上帝创造出不完美的人类，将他们放入一个善恶共存的世界里经受磨炼，最终达到完美的状态。这个充斥不幸和磨难的世界产生、发展了我们身上的一些特性，以便让我们能够为接受拯救做好准备，成为值得被拯救的人。艾仁纽神义论与奥古斯丁的见解相对立，后者认为人类凭借自由意志选择作恶——与堕落天使一同——要为世间所有的不幸负责。在那种情况下，上帝依旧心无愧疚——在奥古斯丁看来，人生来完美，但容易沉沦。艾仁纽认为尽管人生来就是不完美的，但他们力求变得完美。

约翰·济慈（John Keats）在 1819 年将世界描述成一个“灵魂制造所”——我们在满是哀伤的世界里才能成长为完整的人。

他是这么写的："你难道看不到，一个充满不幸和烦恼的世界，对于培养一种智慧，并使之成为灵魂支柱有多重要吗？"如此看来，不幸遭遇是缔造真实灵魂的必经之途。据我所见，西蒙娜·韦伊赞同不幸在人类生命中发挥作用也应当被视为艾仁纽神义论的一部分。她用不幸代表救赎，因为就连在极端的恶中也有上帝的身影。韦伊的论点的现实基础是，人类必须知道自己不是身处天堂。韦伊无论如何都要证实上帝的存在，她曾经声称邪恶是上帝对世间怜悯的表达。她主张上帝是正义的，从而认为所有现象都与这一想法相容。最终她认为，邪恶之所以存在，只是因为上帝想让它这样。但是，这种想法相当于抛弃了对主题的理性讨论。因为"不公正"是非正义的，而宣称它实际上是正义的，打破了有意义的谈话的规则，让话题失去了合理性。其实没有什么现象能够否认韦伊对正直上帝的信仰，因为每个现象都被系统地解读为上帝慈悲的表达。韦伊想让不幸有意义，但她始终在驳斥不幸所具有的特征。韦伊觉得不幸应当被视为上帝的礼物，但是因为不幸在韦伊的作品中没有机会变成真正意义上的不幸，她的理论——虽然该理论坚持认为世上存在不幸的极端个例，而且她也认为传统的神义论对不幸视而不见——最终只是对不幸本身做了辩解。尽管"艾仁纽"传统愿意把自身视为一种神义论（将"令人受苦的"当作不幸的特征），而实际上它在设法避免这么做。

世上悲惨之事莫过于不公正的待遇和随意打击报复；无

辜者往往是受伤最深的人。即便怨气可以得到排解，但从长远来看，怨气也会产生破坏作用。正如齐奥兰指出的，不幸不会通往天堂，只会通向地狱。通常，善会带来更多的善，恶会催生更多的恶。不幸并不能使我们成长，它只会伤害我们。强烈的疼痛无法令人坚强，反而会削弱人的价值、自信以及沟通能力。马丁·艾米斯（Martin Amis）写道："痛苦沉默无语。唯有咒骂和脏话才能表达痛苦。没有任何一种语言可以形容它。上帝啊！痛苦就是它自己的语言。"痛苦不仅无法用语言表达，还会破坏语言。你会说某件事令你伤心，但是当你痛得太深时，你就会失去表达能力，退化到前语言状态。精神上的痛苦能被身体的疼痛所取代，因为后者能摧毁所有的心智。痛苦剥夺了我们体验的能力，而且无法被他人感受到，因为当痛苦本身成为一切时，其他事情便无处容身。

患上自毁容貌综合征（Lesch-Nyhans）的孩子会怎样？这种疾病会让孩子极度想自残，人们不得不拔去他们的牙齿，以防他们咬伤自己的手指和嘴唇。加缪（Camus）在其小说《鼠疫》（*The Plague*）中说，让小孩遭受不幸是一件"令人憎恶"的事情。神父帕纳卢试图解释这个问题：

> 情况是这样的：我们可能想解释鼠疫现象，但首先应当了解它教会了我们什么道理。在神父看来，里厄觉得没有什么需要解释。当牧师更明确地表示有些事情可以通

> 过感知上帝把握，有些事情则不能时，里厄的兴趣再次被激发。善恶肯定是存在的，通常也很容易发现二者的区别。而当我们研究恶之本性，尤其当恶涉及人类遭遇时，困难就来了。显然，痛苦可以分为有必要的和没必要的；唐·璜可以下地狱，但让孩子死就如同地狱般黑暗。放荡子确实罪有应得，而让孩子受难却没有道理。说实话，世界上没有什么比孩子的不幸更重要的事了，它唤醒了恐惧，让我们急于找到解释它的理由。在其他生命形式中，上帝为我们排忧解难，迄今为止，我们的宗教信仰无甚价值。但是，可以这么说，上帝让我们背靠墙站着。的确，我们抗拒待在因鼠疫而修筑的围墙里，在致命的阴影下我们必须想办法获得拯救……因此，现在上帝对他创造出来的人透露了他们即将遭受的严酷考验，以至于他们必须学习、历练至高无上的美德，拥有全部或一无所有。

帕纳卢将悲剧视为神赐的礼物，这让考验“信仰上帝”变得极具挑战性，从而让肤浅的信仰变得不可能。要么拥抱上帝，要么完全拒绝他。不幸的存在是合理的，因为它为灵魂提供了食物：“我们必须径直走向不可接受之事的核心，因为正是这一点迫使我们做出选择。孩子的不幸好比痛苦面包，没有这块面包，我们的灵魂就会因精神饥饿而亡。”这是一种站不住脚的神义论，因为这类考验没有理性基础。

大量邪恶看上去没有发挥积极的作用，这是论据论证驳斥上帝之存在的基础。每年有数百万人饿死这一事实没有帮助个人成长。首先，你不必从自己的遭遇中有所收获——但是希望别人遭遇不幸，而你从中吸取教训，就显得更加不合理。艾仁纽派学者会主张我们从他人的遭遇中学会宽宏大量，而我认为这个论点经不起推敲。想对自己进行道德教化不能成为让他人陷入逆境的理由。约翰・希克（John Hick）承认，某些邪恶只是破坏因子，对被它击倒的人没有实质上的帮助。不过，希克又将这些恶纳入了艾仁纽神义论，因为它们让世界呈现出一种基本特质：神秘性。世间确实因邪恶的存在而变得更加神秘，可是我不接受希克的观点。与收获相比，神秘的代价太高——我们最好远离邪恶。总体上说，不幸带给我们的唯一教训是，生活可以沦为人间炼狱……没有这个教训，我们肯定也能活下去。

整体神义论

对邪恶问题的普遍回应是，为邪恶辩解而不是解释这种现象。这种立场下有一种假设是，看起来邪恶的事物实际上可能是善的，只要我们能够正确地看待它们。最初尝试整体论证的哲学家大概是柏拉图，而第一位重点思考整体论证并系统地加以建构的哲学家是奥古斯丁。他声称上帝让人类的恶发挥了正效用。看似邪恶的事物实际上是善的，因为它们是整体善的必要组成部分。不幸通常会被视为对人类罪孽的惩罚；既然所有人都有罪，那他们理应遭到不幸的惩罚。如果有人想最终被大家称赞为一个善良的人，那遭受不幸无疑可以让他变得更加善良。

在托马斯·阿奎纳看来，没有邪恶的世界必定没有我们现在这种充满邪恶的世界好。没有恶的世界相当于没有人的世界；没有人，就意味着没有能够选择和能够作恶的人；如果有机会，那么每个人都可能会不时地作恶。但是没有人类的世界不会比有人类生活的世界更完美，正是因为这个世界缺少人类。无论托马斯的论证有何瑕疵，他只想解释世间为何一定要有道德恶，且自然恶的存在不能因此被视为合理的。托马斯对这个难题的解答令人捉摸不透：上帝本可以避免自然恶，因为他在人类堕落之前就这么做了；而实际上他允许自然恶在人类堕落后进入凡间并没有削弱他的善，因为自然恶自身产生了极大的善。不过，我们仍然不清楚阿奎纳是如何想象出自然恶会转变为善的。另一方面，从托马斯的立场出发能够清楚地看到，如果我们将世界视作一个整体，就能够领会存在之物皆是善的。

波伊提乌（Boethius）也认同表面上的恶实际上是善的观点，因为一切存在都遵循上帝的律法。耽于我们理解力有限而让世界改变了模样。亚历山大·蒲柏（Alexander Pope）在他的《天伦诗》（*Essay on Man*）中有这样一段话："一切不协调，皆是不为人所理解的和谐；所有不纯粹的恶，乃是普遍的善。”卢梭（Rousseau）也假设了一种类似的整体论证。他对这两种观点进行了区分，一则认为所有部分都是好的，一则认为整体本身即是好的。他写道，如果持后一种论点则无须为所有邪恶辩解。不过，证实卢梭的“乐观主义”不会与证明被他抛弃的理论有相同的负担。接着，他谈到这种乐观是否属实并不能由物质世界的例子决定，只能由对上帝特征的思考来决定。也就是说，既然我们推测上帝是善的，那么世界作为一个整体也是善的。约翰·弥尔顿在《失乐园》（*Paradise Lost*）中同样致力于“证实上帝对人类的做法是合理的”。《失乐园》再次通过告诉人们一切恶的表象实际上拥有善的内在来树立理论依据——只要能把握诡谲的整体性，情况就会变得显而易见。整体论证涉及的庞杂的多样性散见于哲学和文学作品中。斯宾诺莎（Spinoza）眼中的邪恶只存在于人类的不当理解中，如果理解得当，就不会有所谓的邪恶概念了。对那些能正确认识世界（上帝、物质）的人而言，邪恶就成了一种不再具有恶之表征的幻象。斯宾诺莎在信中写道，善与恶都是上帝的家臣，但是好人在服务上帝时很清楚自己的所作所为，恶人会沦为上帝的一枚无足轻重的棋子。路德（Luther）称，一切邪恶的根源都在上帝和撒旦那儿，虽然撒旦为一己之利渴望邪恶，但是上帝希望在邪恶中发现善；上帝比撒旦强大，因为他利用撒旦为善补充能量。在歌德的《浮士德》（*Faust*）一书中，我们再次看到所有恶促成了善——浮士德渴望认识自己，靡菲斯特答道:“想持续作恶的一部分势力反而制造出了善。”如此，万物从超越整体性之神圣视角上来看都是善的。歌德生活的时代掀起了一股浪漫主义思潮，它认为邪恶有其合理性，因为它怀有更高的目标。诺瓦利斯（Novalis）有一个堪称经典的论调，即邪恶只是我们去往更高处所要攻克的难关——善铲除了恶，才会蜕变为真正的善。

但是，对整体神义论提供最广泛例子的思想家却是莱布尼兹。他想象上帝先构思出一系列可能存在的物质，然后创造了世界。这些物质可以有各式各样的组合，而上帝确定其中的一种。上帝是完美的存在，有义务遴选最佳组合，人类世界因此变得更美好。但是莱布尼兹不认为世界是完美无缺的。他的哲学观认为难免存在如下事实：宇宙中没有两个一样的物质，只能有一个完美的物质（上帝）。其他物质不尽完美，多少都有些瑕疵。面对这种情形，上帝尽其所能，但仍然无法消除莱布尼兹所谓的“形而上学之恶”。因此，莱布尼兹也将恶视为一种阙失——完美的必然不在场。这种观念对上帝的创世纪行动附加基本的限制。上帝力所能及的是以最佳方式组合所有宇宙物质，既然他是完美的且行动总是建立在充分的理由之上，那他就必然从无数可能的方案中挑选出并创造了一个最美好的世界。然后，邪恶就被证实是最佳的、可能存在的整体中一个必要的组成部分。如果一个没有道德恶和自然恶的世界会比眼前的这个世界更好，上帝就会去建造这样一个世界。之所以还保留着自然恶和道德恶，是因为它们实现了更高的善或者抑制了更大的恶。总之，如果上帝消灭了哪怕最微小的恶，这个世界就会比我们眼前的糟糕，自此之后一切会变得不同，不再是上帝的最佳安排了。莱布尼兹总结道："像上帝那样允许邪恶的存在，是至高意义的善。"实际上，如果上帝不允许我们所拥有的自然恶和道德恶降临世间，他仍会为出现更深层的恶感到愧疚。最终，莱布尼兹的神义论构成了一个完美闭环：上帝是善的，所以他选出了最美好的世界；正因为上帝创造了最美好的世界，所以他是善的。

整体神义论对有神论者而言是一种有风险的策略，因为它看上去是对上帝万能性进行了严格的限制。这里产生了一个关键问题：要达到多大程度的善才能抵消恶呢？如果我们能让世上所有的善与恶相互博弈，可以想象恶会占据优势。但也能想象得出，如果所有的恶都能产生善，那我们会大致勾画出第一、第二梯队的善与恶所具有的特征，第一梯队的恶会引出第二梯队的善，例如慷慨。正如约翰·麦基指出的，第一梯队的恶可能会引出第二梯队的恶，或者就论证本身而言，第一梯队的善最终会引向第二梯队的恶。我认为，整体论证的问题不在于它逻辑方面的自相矛盾，而在于我们没有理由采信。世间无数的不幸个例看似不会对整体性发挥积极的作用。伊万抱怨孩童的不幸在整体论证中能起到何种积极效果呢？如果一位隐居者遭遇森林大火，被痛苦地烧死，没有任何人会从他的遭遇中学到一点教训，那样对整体有何好处？世间绝对数量的恶，以及个体所做的恶否认了上帝的仁慈和万能。有些极端的恶会让你思索要是没有活过是不是更好。之前提到过德国和日本在第二次世界大战期间进行的药物试验中的受害者的情况就属于这里讨论的范畴。这类邪恶的存在破坏了整体论证：善良伟大的上帝不能允许这类邪恶势力为了整体而打击个人。如果世间没有这般邪恶就不能运转，那不如不要创造这个世界。整体论证得出两种结论：第一，我们没有理由相信善之整体的存在能够为个人作恶找到正当的理由；第二，有些罪大恶极的事情永远无法在整体论证中立足。

世俗神义论的历史

现代的世俗化倾向已经用“历史”取代了“上帝”。对历史进步的信仰深深扎根在西方思想中；而我们需要不时地修改理论假设，例如，许多人认为大屠杀破坏了历史进程这一整体概念。迄今为止，无论既定情况是什么，我们都没有理由相信世界会因此变得更暗淡或更美好。世界的确可能持续以某种方式发生改变，但永远不会出现可靠的逻辑假设认为整个世界或其任一部分会对某一事件做出某一反应。

我们应当对进步或倒退的观念持有怀疑态度——既不盲目乐观，也不悲观。毕竟，任何历史算术题都不可以被用来确定哪种才是最合理的世界观。诚然，我们可以决定某些关系得到改善而其他关系恶化，但我们无法确定整体是变得更好还是变得更坏：世界的进步或倒退无法通过实践来证明，因为我们永远无法从整体上把握世界，从而无法让眼下的整体与处于其他历史阶段的整体相比。乐观主义者和悲观主义者共同面对的是同一段历史；每种世界观对应的是同一段历史，对这段历史做不同的诠释，每种世界观都强调其自身相信的方面占据主导地位。乐观主义者忽略消极方面并将其看作无关紧要的。例如，谢林（Schelling）写道："任何不进步的事物都不是历史存在。"无助于进步，甚至可能导向相反方向的事物被当作不相干者并被丢弃，因为它们不符合业已被定义为进步的整体。黑格尔以同样的方式引入了历史哲学，假设历史是理性的。乐观主义者理论立足于整体，而悲观主义者理论一般会挑出一些骇人的历史事例作为论据。乐观主义者不会否认世间存在邪恶，但它相信有更高的秩序为邪恶附加意义；悲观主义者坚持认为没有整体能让个人邪恶变得有意义，整体的观念是幻想出来的——如果整体确实存在，它只会令事情走向歪路。这么说不是指悲观主义者必然相信世界会毁于一旦，而是指一些悲观主义者相信世界一直会保持糟糕的状态。

乐观的历史哲学和之前提到的神义论旨在证明偶发性是不合理的——所有事件，无论它们多么不堪容忍，都被并入能够给予其意义的整体中。相信“进化理论为了达到善而将恶转变为工具，从而中和了恶”的观点显然并不局限于历史整体的视野，黑格尔主义就包含了这些内容；我们在伯纳德·曼德维尔（Bernard Mandeville）等哲学家那儿也发现了这种信念。扩大自身利益的行为主体也促进了集体的善，具体表现在曼德维尔最著名的《蜜蜂的寓言：个体恶习和集体受益》（*The Fable of the Bees: or, Private Vices, Publick Benefits*）中：个体的恶促进了社会的善。曼德维尔声称，邪恶不仅是所有公序良俗的源头，它的存在对社会的存在也是必要的。对于像曼德维尔这样的哲学家，上苍的世俗理想与上帝在神义论中发挥的功能相同，即它创造出了一种辩证的转变使恶变成了善。邪恶展现出了整体的一部分——善。

这种乐观主义形式（尤其有关莱布尼兹的乐观主义观念）在伏尔泰的《憨第德》（*Candide*）中被滑稽地模仿。憨第德的导师潘格罗士热情洋溢地概括了他的个人立场：“个人的疾患构成了普遍的善，所以个人疾患的总量越大，一切就会变得越好。”这种戏说表明了仅仅通过指出部分共同的善来为邪恶辩解是经不起推敲的。憨第德历经了无数次不幸，他在低谷时将这种乐观主义描述成“偏执地相信，当一切不可能变好时，其实就是好的。”

在康德看来，我们在道德上应当感激乐观主义者。造物的意义首先体现在我们的道德行动中；因此，人们不再是围观神圣计划展开的被动观察者，而是历史的参与者——历史本身的目标变成了人们要去实现人类的自由。康德进一步远离有关初始状态的观点——初始状态是一种自然状态，一种一切都美好的状态——反而断言人们只是感到在“世界是怎样的”与“世界应该变成怎样”的观念之间存在鸿沟，这种观点引出了不同的故事，涉及前历史时期乐园般的自然状态。事实上，康德强调人类的本性是充满不安的。如果我们的自然状态如卢梭所说的那般和谐，我们就永远不会抛弃它了。这种情况显然不足以解释人类的本性或命运。人类是自由的，只有当我们按照人类理性构建世界时，人类本性才得以实现。于是我们的任务就成了转变文化以便实现自我，获得快乐，致臻完善，即只有人类才能实现自身需求，发现世间的快乐，只有理性才能帮我们达到目标。况且，我们拥有道德本能，能够缔造出与之对应的理性人类社会。不过，如何实现理性和德行尚不十分明确。是人类行动促使伦理社会形成的吗？或者自然本身包含了一种目的性，能够让目标独立于人的行动而实现？康德主张，世界向好的方面发展不会被我们对善的追求，而是会被我们的天性或上帝驱使我们去做的事情促进。只有上苍（自然）才能实质性地推进这些目标，可惜人类有意识的行动并没有什么效果。康德预见黑格尔会论证人类将在社会敌对势力的协助下获得发展。就康德对社会的理解而言，促进发展的人各不相同，他们因而被描述为康德所谓的“非社会的社会性”（unsocial sociability）。这样的结果源于人们想融入社会的渴望，在那里我们才感觉自己更重要；我们与社会对抗，也是想让一切听命于自己，而且还意识到世上的其他人也有同感。这些对立面导致了革命、战争及其他暴力行动，但是康德认为战争也是自由之母；他明确地写道，战争是进步手中的工具。消极事物可以变成更高级、更积极的事物，甚至自然的冷漠和人类对财富、权力的渴望也成了促进人类发展的必要因素。不幸还被视为让我们变得更好的有效方式。制造的罪孽或遭受的痛苦都是向善之实现靠近的、整体的一部分。康德认为，道德恶也有对抗自身的倾向，从而为善腾出空间。

现在问题来了，个人理性是否能在历史进程中扮演某种角色？达到善是历史的目标，如果所有人以从善为行动准则，其行动就会终结历史——因为如果历史被理解为是由内在冲突推进的，当这种冲突化解时历史也就结束了。在这种乌托邦的想法实现之前，历史还将继续被冲突牵引；选择善或恶，结果都会是一样的：历史将朝着更高的世界秩序演进——这种进步过程不受我们是否提供帮助的影响。康德强调进步理论不可被验证，但仍有必要根据这幅更广阔的画卷修复我们的行动。

康德的进步理论显然着眼于人类整体而非个人身上。黑格尔拓展了这一理论，并持较为开放的态度，将每件骇人的事件纳入缓和的历史进程中，认为个人是“通向隐秘终点的手段”。黑格尔不怀疑他的历史哲学是一种神议论。“理性的狡黠”确保历史进步是必然的，而进步必然需要受害者。赫尔德（Herder）写过命运是如何踩过“数百万具遗体”达到目标的，他预料黑格尔会将历史描述成“屠宰凳”。坐在这张“屠宰凳”上的受害者沦为历史车轮碾过的残骸，被理性、温和的整体观望。当然，黑格尔并没有将邪恶当作个人问题来研究，而是在全世界框架下来看待，宣称“世界精神”比所有其他考量更胜一等，因而世界历史比道德规范站得更高。人类不幸和导致不幸的行动由此被视为达到目标的手段，那个目标便是进步。

正如黑格尔所相信的，他可以从整体上思考历史，让较早期出现的邪恶被合法化。在《圣经》中，基督再次降临，标志着幻想着只信仰唯一信条的日子结束了，与此类似，当社会最终到达所谓的“最高阶段”时，历史就终结了。当然，一些国家的宗教或民族信仰仍然会产生这种意识形态，不过，既然人权在国际法庭上逐渐受到重视，意识形态刺激下的对个人和团体的迫害就显得更加荒谬。我们不再接受“至高无上的政治目标能够完全凌驾在道德规范上”的想法，而且可能也不再为以进步或更高的善的名义导致的邪恶找借口。另一方面，必须承认的是，美国的“反恐战争”正是依靠这种说辞为打击恐怖主义的所有手段寻找理由的。

“历史的反目的论”概念算不上新鲜词。这种观点由叔本华创立，虽然他没有从政治意识形态出发，却着眼于我们之前讨论过的不同的形而上学的概念。叔本华算得上是现代悲观主义者的鼻祖，现代悲观主义——它必然与古代所谓的“腐朽”划清界限，后者源于另一个历史背景且基于完全不同的历史观，或许应该被理解为传统宇宙学崩塌后的产物，即悲观主义之所以会兴起，是因为乐观主义不再值得信赖。对叔本华来说，世界是一座“地狱”，永远都不应该存在。他把乐观主义描述成不负责任的思考方式，因为它没有充分考虑“人类难言的痛苦遭遇”。他进一步论证，没有更高的天意可以为个人的不幸附加意义，世间的原则（他称之为世间的“意志”）是盲目的。如果没有更高的天意，个人的不幸仍然是不合理的，也无法用黑格尔式的辩证方法予以解释。于是，“真实的”世界就与“虚构的卓越”站在完全不同的立场上。叔本华进一步否定莱布尼兹的观点，主张我们的世界是所有世界中最糟糕的一种可能。对悲观主义者而言，天意的逻辑容易与乐观主义者的逻辑形成对立：它认为所有的善都被恶否定了。隐形的手终究要留意，一切都为最坏的情况做安排。

尼采也是叔本华的追随者，他称后者为“伟大的导师”。尼采明确表示，对历史做道德解释（就像对历史做宗教解释那样）必然会半途而废，因为道德解释是属于宗教范畴的。我们面临一个不争的事实——“所有事实都是无意义的”，或者说“世界不会再有任何意义了”。他还提到现代人的问题不是遭遇不幸本身，而是所遭遇的不幸是没有意义的。因此，尼采给我们的遭遇附加了新的意义，试图克服这种麻烦。据他理解，新人类（比如超人）不需要为邪恶找理由，也不需要上帝。他坦然接受生活和不幸。对应这一想法，尼采继而批评了那些想要抛弃不幸却迎来巨大不幸的人。尼采对所有价值观的再次评估应当有别于单纯的价值观颠覆，即每种价值只是转向其对立面而已。尼采也不赞同混乱的整体概念。他想建立一个新的道德体系，为修正自己视之为堕落的价值观做辩护。他还否定了传统价值观认为理所当然的方式，以纯粹辩论的方式赞扬那些过去遭到鄙视的价值观。尼采认为，“奴隶”道德必须被摒弃，它没有包含真正的理想，或许它的确关心过如何让“恶”最小化，却无法将善视作除了“恶之不在场”之外的事物。奴隶道德可悲可叹，无法实现英雄主义。于是，尼采转而赞扬自我和他人的不幸，因为“深刻的苦难使人高贵”。尼采以这样的方式盲目崇拜不幸，这完全可以说是世俗版的艾仁纽神义论。与此同时，尼采本末倒置的世俗版神义论像其他神义论那样，在替邪恶之现实辩解的过程中走向了终点。

尼采本末倒置的世俗版神义论在萨德侯爵（Marquis de Sade）身上表现得尤其强烈。萨德不仅是纯文学作家，而且是一个“伪哲学家”，他还可算作一位神义论批评家。有关上帝为正义而战的想法在萨德眼中是一种“错误、危险的哲学诡辩”。他笔下的主人公茱丝蒂娜相信公平这一概念：公平早晚会实现，不在现世就会在来世实现。与茱丝蒂娜对话的杜布瓦代表萨德本人，他扭转了茱丝蒂娜世界观的航向，让她拥抱邪恶而非仁慈的上帝：“我相信一旦上帝将我们置于必然产生恶的境况下，并同时让我们有作恶的可能，那么恶就会和善一样与它的判决和谐共处，上帝从恶之中所获得的，与从善中所获得的一样多……灾祸……牺牲品德高尚者，必然会挽救犯罪者……”

萨德比叔本华或尼采更激进地表达了现代悲观主义论调。然而，他的言辞过于激烈，以至于搬起石头砸了自己的脚。康德写道，如果公平不能普及，那活在这个世上就没有太大意义。萨德在作品中描述的世界确实不适宜人类居住。萨德的问题是他的观点是建立在二元论基础上的：世界要么变好，要么变坏。如果它不好，就必然是坏的。因此，他提出一个标准后果——我们应当看恶的眼色行事。不过，萨德显然没有考虑到这种可能性：世界可能是善恶参半的，让世界变得更美好是我们而非上帝或天意的职责。这个简单明了的观点具有决定性意义。萨德的思想很大程度上笼罩在上帝不在场的阴影之下；他没有意识到，正是这种不在场令世上的人承担责任。我们活在世上理应为世界负责。邪恶的问题其实就是我们自己的问题。

约伯的洞见——超越神义论的范围

《约伯记》（*Book of Job*）以上帝与撒旦打赌开篇。撒旦坚持认为约伯是爱上帝的，因为上帝真心祝福他。上帝自信约伯对他的信仰，于是就让撒旦夺走了约伯所拥有的一切。约伯因此失去孩子、仆人、羊群和健康——最后，他病入膏肓，距离死神不远了。约伯的妻子和朋友责怪约伯，认为是他自己制造了这些不幸：约伯肯定是做了什么事才会受到这种惩罚。实际上，他们非常在意公正的观念，以至于拒绝给予约伯人类该有的怜悯。约伯知道自己没做错事不该遭此劫难，于是他责怪上帝；上帝回应了他，却强调了力量而非公正。上帝问约伯："你会诋毁我给予你的公平吗？你会责怪我并证明自己是正确的吗？你拥有像上帝一样的强壮的手臂吗？你能像上帝那样声如洪雷吗？"由此，上帝直接从公正的问题过渡到了原始力量的问题。同时，尽管上帝明显比约伯强壮，但是这并不一定说明他比约伯更正直。最后，根据上帝在约伯面前展现的内容，很难不把他看作一个不遵守道德的暴君：一方面，上帝像一场肆虐的自然灾害，不考虑公正；另一方面，他又希望像一个正直的人那样受人爱戴和敬重。这两个方面不可协调，上帝甚至无法令人信服地论证自身的正直性。传教士说："智慧比力量更重要。"但是在《约伯记》中，上帝从不炫耀智慧，只展示他的原始力量。约伯问上帝："哪里可以找到智慧？"上帝回答："对耶和华的敬畏就是智慧。”在我看来，约伯在上帝那儿没有发现智慧，却在自己身上发现了。这种智慧基于简单的洞见：上帝不公正，所以世界也是不公正的。

在故事的最后，上帝夸奖了约伯，怪罪了他的朋友：“耶和华对约伯说了这些事之后，又对提幔人以利法（Eliphaz）说，‘我对你和你的两个朋友很生气，因为你们不像我的约伯那样告诉我什么事是对的。’”然而，我们不清楚上帝究竟为什么要夸赞约伯而责备他的朋友。上帝模糊地暗示了“约伯在真实地谈论上帝，而他的朋友是在虚伪地谈论上帝”，这大概是上帝给出的唯一理由。但是我们应该如何在这个背景下阐释真相呢？朋友谈论的主要话题是世界的绝对公正；约伯只是看似天真地看待痛击他的厄运罢了；不公平的情形终究只是幻象，因为基于上帝的宇宙公正是一切的支撑。约伯否认的就是这一点——上帝和撒旦在《约伯记》第一部分打了赌，他们俩想让约伯变成超自然游戏中的一枚天真的棋子，我们知道约伯的想法是对的。约伯曾经拥有一切然后全部失去，他不该落得如此下场。况且，约伯的论辩比上帝的更有力，仿佛给上帝上了一堂伦理课。《圣经》中有许多地方都强调了上帝公正地对待每个人：“上帝没有偏袒之心。”但是上帝显然对约伯有失公允。他让约伯一次又一次地经历不幸和厄运，而约伯是无辜的。传教士告诉我们：“在无意义的生活中，我看到了两个个体，一个是在正直中渐渐麻木的正派之人，另一个是为邪恶而活的卑鄙之人。”

最终不太可能断言看似神通广大的上帝是善的（这里保留了“善的”常规含义）。解决这一问题的方法是进行争辩——坚信我们无法将善恶的概念运用在上帝身上，因为他超越了人类的理解范围。《马太福音》《马可福音》和《路加福音》一致认为唯一可称之为“善”的是上帝。本着这种想法，可以严格区分出人类的善（并非实际的“善”）和上帝的善（这是实至名归的）。有关善的概念是建立在人类行动之上，这个概念是解决邪恶问题的方法的基础，将邪恶作为实际问题研究的基础突然间消失不见。从某种意义上可以说，当我们在说这句话时就已经解决了问题，因为不用再通过理解概念来证明上帝是善的。而同时我们也放弃了开始证明的事情——证明上帝必然表现为善。这是加尔文（Calvin）落入的陷阱，当时他辩称世上没有比上帝意志更高的正义标准，无论上帝想要或实际做了什么都可以视为正直的。我们达不到上帝的公平原则，所以能感觉得到上帝的公平意识也是完全不同于我们的。考虑到这个方面，我们几乎不能说“上帝是善的”并假装这句话有什么意义。约翰·斯图尔特·密尔（John Stuart Mill）认为，逻辑律规定我们不能对两个迥异的事物起相同的名字——至少在还没有罗列出他们的差异之前——既然从人类互动中找到了公正这一概念，既然上帝的“公正”与我们的公正没有可比性，那就无法将上帝这个显著的特征定名为“公正”。如果上帝的特征超越了人类智慧所能把握的范围，那就不应当说上帝是“善的”或

“正义的”，只能说上帝是“X”和“Y”，而且我们完全不清楚“X”和“Y”可能代表了什么——一旦我们涉及这一点，就必须承认对话是毫无意义的。

我在本篇的前半部分简略地评论了神义论，承认尚未完全证明所有神义论都是自相矛盾、不真实或不合理的，它们只是无法令人信服罢了。既相信存在一个善良伟大和万能的上帝或者一段等同于上帝的历史进程，又同时承认邪恶是存在的——可能具有逻辑上的一致性。然而，一致性本身并不足以使信念找到充足的理由或让它变得合理。而且我认为，神义论本身代表了一种解决邪恶问题的错误方法，因为它没有认真考虑过不幸。我们必须拒绝神义论这类理论，我们应该直面邪恶真实的样子。我要重申一遍：邪恶不应被证明是合理的，它应当被制止。

那么，让我们站到约伯这边，从人的视角宣称世界是不公正的。除此以外，没有其他视角能让我们对这个话题进行有意义的讨论。这一点很关键。约伯的朋友生活在幻象中，认为宇宙正义是存在的，由此他们对约伯的遭遇麻木不仁。抽象、形而上学的原则妨碍了人性中同情、怜悯的表达。这是他们最大的罪恶。神义论对上帝的善良和正义不做太多解释，不考虑世界的悲惨和不公正。卡尔·雅斯贝斯（Karl Jaspers）写道：“否定或忽视邪恶的存在本身就是恶。”神义论是邪恶的，因其证明了不公正是合理的并予以支持。正义不是自然律，而是由人树立的原则。

我们习惯为生活描画这样一幅图景：世界是正义之所，我们的行动和性格具有特定的意义，无论得到奖赏还是惩罚，我们最终都会获得应得的东西。柏拉图认为诗歌之所以危险，是因为它包含了戏剧化的情节——不正直的人春风得意，正直的人却郁郁寡欢。我们必须要维护一个正义世界的形象：在那里做好事会得到嘉奖，做坏事会受到惩罚。柏拉图的态度是，哪怕我们对公正的原则有稍许的信任，也能鼓励自己向善。我不否认这句话有些道理，问题是这种哲学观会妨碍我们看清所有真实存在的不公正。

对生活在“上帝已死”的世界里的人，公正不再是宇宙之锚。当约伯坚称世界是不公正的时候，即世界不按照我们的公正概念运转时，他就成了一名存在主义者。而同时，就算没有上帝，人们也依旧愿意相信世界是充满正义的。这个结论看似可有可无，但它引出了进一步的结论，即每个受害者以某种方式理应承受暴政或灾祸。被视为描述性而不是规范性的正义原则会导致人们接纳邪恶。这种想法距离“将受害者的苦难归咎于受害者而不是犯罪者”仅有一步之遥。在第二次世界大战前，许多荷裔犹太人相信，德裔犹太人一定是做了很严重的错事才会遭受如此残忍的迫害。这种信念的基本问题是，它将“人生理应承受不幸”视为理所当然。这个世界不是以目的论的方式围绕人类的需求和欲望组成的。请记住，人类是地球历史上较晚出现的物种，认为世界必须符合人类的正义概念是极其幼稚的想法。正义是一种责任，而不是天赐的。

上帝之死不代表人成了上帝，只是人必须放弃信仰自己的神性。这也不是指人类突然间就能自给自足了，而是说人类失去了与那些能够为自给自足提供保证的事物的联系。上帝之死没有让人变得伟大；它把人类带入一个到处是偶然性的世界。这意味着我们被迫在没有任何保证的前提下创造历史，难保历史不会朝着错误的方向前行。我们不是要在抛弃上帝概念的同时抛弃邪恶概念，而是说当上帝消失时，邪恶就变成了纯粹的人类问题。它是我们自己的问题。邪恶在生活中发挥作用，不仅包括道德恶，还包括不是我们自己导致的自然恶。现在我们可以看到，自然现象不包括形而上学的或神秘的维度；它们没有更高的意义，只有破坏性，只与不幸和死亡有关。如果我们希望在传统宇宙大厦坍塌之后，科学可以接管人类对进步的信仰，那结果会令我们失望。科学已逐渐失去维持这一信仰的能力，部分原因是它在20世纪中一再暴露了自身的破坏性潜能。

随着“宏大叙事之死”，思想失去了与历史有关的整体特征。正因如此，辩证的转向才有可能，进而假定邪恶应当被视为善良整体的一部分。没有这种整体概念，邪恶最后只能显现邪恶的一面，不幸也就失去了“存在的理由”。不幸不再被证明与更高尚的事物相关；没有权威能阻止问题的不断涌现。我们的世界不再是由万能、善良的上帝以公正的方式管理的理性世界，而是一个被际遇左右的世界。我们不会因为受到应有的惩罚而得到奖励，但是会被运气垂青，不论是好运还是霉运。无论运气好坏，我们都无法从他人的运气中读出什么道德信息。在以上帝为中心的世界里，有可能相信生活内在是公正的，每个灵魂都会获得公正的回报。如今，我们每天看到的却是世界内在的不公正。这再次需要我们付诸行动、进行干预。

Ondskapens filosofi

第3篇

Ondskapens filosofi

人类学视角下的邪恶

本书第 2 篇总结出，神学对我们理解邪恶的问题基本上是无关紧要的，我将神义论归入神学的理论盲点范畴中。邪恶应当只被理解为人类的道德问题。对邪恶进行道德诠释表示对其去神话化。这样，我们就不用再问“什么是邪恶”，而是要问“我们为什么要作恶”。

首先，本篇从“人是善良的还是邪恶的？”这个问题开始；其次，将邪恶分成四类：恶魔般的邪恶、工具性的邪恶、理想主义的邪恶，以及愚昧的邪恶；最后，对这四类邪恶分别进行深度剖析。从这个角度论述有助于回答“我们为什么要作恶”。讨论的过程还能让我们回应现实的问题：我们应当对邪恶采取什么措施？

人是善良的还是邪恶的

基督教的观点认为人性本恶。在《创世纪》中能读到这样一句话：“耶和华看到世间伟大之人的邪恶是如何演化的，他们内心无时无刻不在想着邪恶之事。”此外，我们发现“他们内心的每个想法都来自童年时期的罪恶”。相信人性本恶的观念在奥古斯丁有关原罪的教义中得到重点发展——这是西方思想中极具影响力的概念之一。它由来已久，并持续影响着西方人的所思所想。当有关理性选择的理论认为“理性的人总会寻求自我利益最大化”是理所当然的时候，人性本恶的观念就会出现。马基雅维利（Machiavelli）和霍布斯将他们的哲学理论建立在奥古斯丁的人类学基础上，而康德努力依靠自己发展出一套去神话化的、理性的理论去研究我们为什么会选择作恶，这也要归功于奥古斯丁。

马基雅维利认为人总是邪恶的，直到出现外部力量迫使他不得不从善。霍布斯则认为人生来就是邪恶的。我们生活在冲突此起彼伏的社会里，冲突的根源来自人的天性：为了自我保护、富贵和名利而战，必然会让人与人之间硝烟四起。当然，霍布斯也看到人天生具有同情心，只是这种情感太柔弱以至于无法避免持续的冲突。基于此，人类学便成了马基雅维利和霍布斯的政治哲学的基础，它还表示我们的“人之本性”的概念是讨论的重点。在马基雅维利看来，政治应当有助于防止人类作恶，并试着确定能够阻拦邪恶发生的策略。

蒙田（Montaigne）以类似的方式辩称人类的本性倾向于残忍。在描写生性奸邪者的文学作品中，此类例子不胜枚举。例如，在洛特雷阿蒙（Lautreamont）的《马尔多罗之歌》（*Maldoror*）中，马尔多罗声称自己生来阴险，臣服于比意志更强大的势力。他坚信，试图改变自己的狠毒本性就像改变万有引力定律那样困难。赫尔曼·梅尔维尔（Herman Melville）笔下的人物克拉格特也同样如此："他的邪恶天性如烈火熊熊燃烧，可他并未接受过恐怖训练或沉溺于禁书，也未曾有过颓靡的生活，邪恶就是他与生俱来的性情。"

然而，也有理论持相反的立场，认为人性本善，最著名的例子要数卢梭。卢梭认为人生来自由、平等、自给自足，不存偏见，只是文明让他转向了这些品质的对立面。自然人粗野、快乐和善良；文明人郁郁寡欢，不守道德标准。既然自然状态显然是好的状态，那我们不得不再次问道，为何这种状态会被永远地抛弃。卢梭给出的唯一答复是，有个模糊的手势指向了"致命的意外"，或者人受到某种"自然秩序"的模糊提醒。自然是好的，而显然也是它让人类踏入令其腐败的文明状态中。卢梭不为世上恶的存在责备上帝或人的本性，而是怪罪文明——或者更尖锐一点说，他怪罪的是文明人。"自然恶"这类邪恶在卢梭的思想中确实不曾被提到。反之，邪恶被他理解为纯粹的人类现象，离开了文明人的行动和不幸，邪恶就不再是实质的存在。在文明社会中，人类保留着自然善，但这种善良只能呈现扭曲的样貌。与此同时，也不能认为卢梭眼中的自然人是“善良的”，因为自然人实际上是超道德的（amoral）：文明人变得理性时才能区分善与恶。既然自然人完全关注的是自身的幸福，他最终便没有与他人竞争或伤害他人的欲望。

卢梭和马基雅维利对人性的态度看似完全对立，但是看到最后你会发现，他们之间并无明显的差异。马基雅维利把人视为邪恶的，这是相对于文明社会之共同的善而言的。在这个背景下，马基雅维利之所以将自然人视为邪恶的，是因为他们以自我为中心。因此，卢梭和马基雅维利都认为，邪恶是“什么是自然”与“什么是文明”之间斗争的产物。这种斗争或许可以通过下面的例子阐释。

1800 年 1 月 9 日，一个小男孩走出法国圣塞尔南附近的树林，在外面游荡，不久成了家喻户晓的“阿韦龙的野孩子”。这个男孩大约 12 岁，不会说话。他拒绝被关在室内，会突然发脾气，如果有人想替他穿衣服，他就会把衣服撕掉，而且他还会咬与他靠得太近的人。这件事引起众人的广泛议论，有人觉得终于可以验证这种“高贵的野蛮人”的概念了。这个被大家叫作维克多的男孩缺乏道德罗盘：他既不是道德的，也不是不道德的，而是超道德的。他“偷走”看到的东西，但是既然他没有偷盗的概念，那说他“拿走”可能更合适。他不能感同身受，也没有任何道德意识，因此无法按照他人的道德反应来调节自身的行为。维克多只是将他人视作解决自己的饥渴问题及其他原始欲望的工具。如果维克多有点道德良知，就会被彻底称为利己主义者。另一方面，维克多对他人没有恶意，除非他感受到了威胁，否则他不会主动发出挑衅。他对霸主地位、权力和地位没有欲望。总之，维克多既不善良也不邪恶，他只是处于前道德的状态。他看似一个自然人，就像还没开始吃智慧之树上的果实，不知道善恶是什么的那类人。

我们从维克多的例子中能学到什么？要我说，能学到的很少，也许什么都学不到，除了有关“自然状态”的观点基本不能帮助我们理解道德品性。这不是我们所处的状态，因此无法告诉我们，“我们实际上是谁”。人的自然状态是未知的，这么说也许是因为它从来不是最先存在的。如果我们希望发现人们“实际上”是谁，就不应该关注假设的原始状态，而应当关心人们做了什么事以及这么做的原因。

我们的道德本性是善良的还是邪恶的，关于这个问题只可能有四种答案：

（1）人是善良的；

（2）人是邪恶的；

（3）人既不善良也不邪恶；

（4）人既善良又邪恶。

许多人看到有人做了善事就会赞同答案（1），许多人看到有人做了恶事就会选择答案（2）。这两个答案没有承认人类行动的复杂性。支持（1）和（2）的人可能认为天性让人变得善良或邪恶，人因此褪去优雅的光环变得奸猾，要不然就与自身的邪恶倾向做斗争，从而变得更善良——但是这些推定缺乏充分的依据。也许你在世上的确可以找到“自然”人，并证明他内在具有善良或邪恶的倾向——尽管为（1）和（2）找到的大量证据指明了（3）才是最有可能的答案。答案（3）可以解释为这样一种信念，即我们呱呱坠地时是道德中立的，在成长的过程中会变成好人或坏人。这个观点有些道理：我们基本不能说新生儿具有道德品性；既然它缺乏自我意识，也就缺少道德概念。但是随着渐渐长大，这个婴儿会成为一个社会道德人——既不是单纯的善良，也不是单纯的邪恶，而是既有善良的一面，也有邪恶的一面。纯粹的好人或坏人在文学史上并不罕见，但在现实世界中人们既善良也邪恶。有些人善良的方面多一些，有些人邪恶的方面多一些，这几类情况都是诸多因素的综合体。如果我们要有意义地谈论怀有道德良知的人类，那么答案（4）是最可信的。

归根结底我们是自由的，所以不能立场明确地站在善良或邪恶的阵营里。谢林说自由的根基是“自由地变善和变恶”（尽管当这种自由发挥作用时——例如当我们做决策时——我们的自由就会变成“想变好就变好，想变坏就变坏”的那种自由）。我们既是善良的，也是邪恶的，这不仅仅指我们有时选择从善有时又选择作恶，而是指善与恶都是人之本性的基本组成部分。明白这一点之后再去理解我们是谁会更加容易。

邪恶的类型

当我们讨论邪恶时，可能会出现方法误区——将一堆现象简化为一种基本的形式。对不同形式的邪恶表现分类，考虑这些类型是如何关联的，这会对我们的讨论产生更大的指导意义。C. 弗雷德·奥尔福特（C.Fred Alford）考虑到人们会以各种方式想象和理解邪恶，许多受访者表示一两句话是说不清楚的，因为邪恶的种类实在太多。这个论点比较合理。可是据奥尔福特的观察，这些受访者主要是想区分邪恶的不同类型，这样他们通过将某些行为描述得不那么邪恶而为自己或他人开脱。即便如此，奥尔福特忽视了这种分类方法所产生的一种客观价值。他暂时区分出施加的罪恶和遭受的罪恶，并且部分地区分出单独的恶行和罪恶的生活方式，但是他让邪恶看起来很片面，就好像邪恶总是处在相同的主题下，总是受到同一种动机的驱使一样。这个失误令奥尔福特忽视了重要的区别，以至于最终宣称“渴望挤压某人的手直到它受伤为止”与“妄图残杀数百万人”没有区别。我将要讨论的是完全相反的情形：作恶者心怀各种动机，不能简化为单一的、基本的描述。

邪恶的不同种类可以根据不同的类型学划分。首先，根据莱布尼兹的类型学，邪恶可分为肉体的恶、形而上的恶，以及道德的恶：形而上的恶是指世界的不完美，肉体或自然的恶是指不幸的遭遇，道德的恶是指道德罪孽。莱布尼兹还将道德恶视为罪恶（malum culpae），因其与愧疚有关。道德恶只能存在于那些能够为自己做决定的人身上，它比自然恶更撼动人心——雪崩摧毁了整座村庄，这显然是一桩悲剧，但如果这座村庄的居民被士兵残忍地杀害，那就更令人唏嘘不已。

然而，要想为道德恶和自然恶划清界限可没那么简单。约翰·希克认为，道德恶是由人制造的，自然恶是由非人因素导致的。我认为这种区分方法不实用，人类制造的绝大多数的恶不属于道德恶的范畴。在许多情形下，人们可能无法理解行动导致的后果，或者存在某种情有可原的情况，可以让邪恶行为主体免于道德责难。大卫·格里芬（David Griffin）的区分方式是，他指出道德恶必然包括希望尽快伤害他人的意图，否则，所有非故意造成的不幸都可被视为自然恶。我觉得格里芬的区分方法更合理，但是要说必须有一个明确的加害意图则显得太过苛刻——这样会排斥许多其他形式的邪恶。例如，想大赚一笔的资本家并没有反思可能有人会因为他的商业行为而受到不利的影响。或者，一名政府官员实施上级交代的任务时没有考虑可能产生的后果。我觉得自己会选用更具普遍意义的临时定义：道德恶的行为主体是一个自由的人，他违背他人意志对他人进行侵害，不顾及他人作为人所拥有的价值。对他人制造的不幸不一定是刻意而为的，不顾后果也会导致不幸。不顾后果的行为主体也要为他犯下的罪恶受到责备，因为他在行动之前本应想到会出现这种后果。

我们也能将道德恶视作可能决定人类自由的因素。不存在自由行为主体的世界也可能仍然存在邪恶，但那将会是自然恶而非道德恶。没有自由的世界可能包含着无穷的不幸，事实上，只有能够改变做法的人才会因为没有那样做受到指责。只有自由的行为主体才能对其所犯下的道德恶心怀愧疚。

如果我们只考虑道德恶与人类行为的关联，从而摒弃自然恶和形而上的恶，那么我们就能够区分以下四种基本的邪恶类型。

第一种，恶魔般的邪恶。它是最不重要的类型。这种邪恶经许多理论证实，纯粹是为了恶而作恶。我发现这个概念有一个严重的问题，后面我会详细探讨。我认为恶魔般的邪恶也包含了善良的分子。每种欲望若能对行为人有利，那么它就会被视为包含了善的一面，即便欲望本身可能是邪恶的。实现愿望是好的，如果强暴和谋杀能满足欲望，那它们就被认为拥有好的一面。但是，强暴和谋杀显然是罪恶的事情。据此，正如托马斯・阿奎纳称，在邪恶中可以发现善。

第二种，工具性的邪恶。它是指人们清楚自己做的是恶事，但是为了达到目标须要作恶。目标可能是好的，但手段是邪恶的。工具性的邪恶重点关注手段而非目标。如果目标——

例如获得财富——能够通过其他方式实现，行为人就会放弃作恶，这里的恶就是工具性的邪恶。照此看来，工具性的邪恶的价值不在于自身。人实施工具性的恶，其乐趣不在行动本身而在实现目标。这个目标可能是好的、坏的、中性的，或是既好又坏。

第三种，理想主义的邪恶。它是指作恶者相信自己所做的是好事。例如，十字军东征或对女巫和异教徒的审判。无疑，参与这些事件的多数人认为自己是善的代表。我们可以说恐怖分子是相信自己站在善的一边的理想主义者。他们的所作所为是“与恶做斗争”，因此被证明是合理的。毋庸置疑，许多纳粹分子是理想主义者，他们野心勃勃，想要建立一个更好的社会。党卫军就认为自己是道德精英。意识形态发生病变不能影响这些人成为理想主义者。理想主义者——与制造工具性的邪恶的人相反——不仅经常看起来符合道德标准，还把伤害他人视为伟大的事业。他们把敌人看作必须予以打击的罪恶的化身。理想主义者能够识别哪些行动应该受到谴责，但仍然坚信通过更高的使命能证明这些行动是合理的。那些作恶者觉得自己代表了正义，并且信以为真。但是，相信理想是善的这一信念不足以保证理想实际上是善的。

第四种，愚昧的邪恶。它是指邪恶行为主体不会停下来考虑其行为是善的还是恶的。愚昧的邪恶不同于理想主义的邪恶，后者考虑善与恶，只是思维偏离了正轨。愚昧在这里可以指考虑不周全，反思不足。康德提到“愚昧是由邪恶的内心造成的”，但是我们应该将这一概念反过来看，即愚昧塑造了邪恶的内心。汉娜·阿伦特（Hannah Arendt）将愚昧的邪恶称为平庸之恶。

我们很难说某个行为主体或某种邪恶行为属于上述四类邪恶中的哪一类型，单个行为主体可归入两种以上的类型（例如，理想主义的动机可以与“以害人为乐”的变态心理互补；我不相信任何人会对这种感觉麻木不仁）……理想主义者可以摇身变成极端分子。他不再负责任地将某个问题想明白，而是开始效忠于一套既定的指令：这便是理想主义的邪恶变成愚昧的邪恶的由来。工具性的邪恶正在扩张其势力范围并由此造成了威胁，扬言要吞并其他三种类型——有动机的行为总是目标明确。这四种类型的邪恶有个共同点，即缺少对他人尊严的关怀。我将其作为进一步讨论的临时基础。

许多邪恶理论都会遇到这样的问题，它们都假设邪恶的目标是制造伤害，即邪恶本身具有目的，而不是工具性的。换言之，邪恶就像恶魔一般。实际上，恶魔般的邪恶至多是一种边缘现象。认为所有邪恶都是恶魔般的邪恶会忽视其他几种形式；况且这种片面的视角也会让我们忽视自身——作恶者肯定不会把自己视为恶魔。这种邪恶的概念看起来无助于我们理解自己的行动。邪恶不局限于施虐狂和极端分子，大多数参与种族屠杀的人和你我一样普通（不像魔鬼）。按常理来说，每个人都有阴暗面，都会做错事——我不是唯一下此论断的人。不过，（如果我们不是完全愚钝的）如果我们不试图识别出那些让常人犯下滔天罪行的因素，那么这个见解就不具有启发意义。我们不仅要问自己“我有可能这么做吗”，还要问“究竟是什么让我做出类似的举动”。

恶魔般的邪恶

如果将邪恶定义为反对他人过上有意义、值得为之努力的生活的事物，那么邪恶显然就是真实存在的。问题是，世上是否存在极端的恶魔般的邪恶，即邪恶是否因其恶而备受追捧。恶魔般的邪恶看似自给自足的，它为自我利益生存。受害者的证词中经常能见到对这种邪恶的描述，在犯罪者的忏悔里则较少见到。也就是说，如果想去理解犯罪者的动机，就不能只将受害者的话作为权威参考。对受害者而言，唯一令他满意的解释就是犯罪者的行为是纯粹的虐待行为，但这个想法并不意味着他会与犯罪者产生情感关联。某个举动可能给受害者留下伤疤，甚至可能会毁了他的一生，但这个举动在犯罪者眼中就像一段微小且无甚意义的插曲：职业行刑者很可能记不住每个受害者的名字。他的行为是完全违背人性的，他认为只是在做自己的本职工作，哪怕受害者在余生都会背负着这段黑暗经历的影响。我们时常看到，相同的行为对受害者产生的深远的负面影响和犯罪者无关紧要的积极影响之间存在着一道鸿沟。受害者的损失几乎总是比犯罪者的所得更多。我们痛打我们厌恶的人所获得的满足感会很快消失，而挨打的人会遭到严重的、持续性的伤害。这道鸿沟的存在是冲突可能升级的主要原因。即便双方给彼此制造了同样多的伤害，犯罪者仍然感到自己受的伤害比自己造的罪孽更深。

联想到酷刑，我们总会置身于受害者的立场，因为我们无法想象自己是施暴者。施暴者看似恶魔、变态狂和非人的施虐狂，而实际上多数施暴者是普通人，他们没有特别的施虐倾向。1967—1974 年间希腊军政府（Greek Juntas）中的施暴者曾被反复研究，其中没有一名军人在从军之前或之后被发现有明显的施虐或专制倾向。就他们的家庭背景或个人历史记录来看，他们都属于普通人。但是经过一段时间，有些施暴者开始爱上他们所做的事了——暴力由某个原因产生，又因为某个原因结束：施暴者开始自我认同。在越南战争期间，美军在审讯时对越南士兵进行严刑拷打是稀松平常的事情。在多数情况下，军事情报部门在开始执行这些审讯任务时缺乏热情——只当作例行公事。然而，一旦开始拷打囚犯，审讯员便发现自己乐享其中，以至于不能在拷打变成更严厉的折磨手段之前及时收手。有时他们能够克制自己，向上级报告此事；有时他们会任由情况恶化，甚至会故意打得更厉害。战争也会令人忘乎所以。乔安娜·伯克（Joanna Bourke）在《面对面的杀戮》（*An Intimate History of Killing*）中引用了许多士兵的话，他们说杀戮“让我痛快”“真有意思”“深深吸引了我”。亨利·德曼（Henry de Man）描述了他是如何用榴弹发射器击中敌群而让他们四分五裂的。最后，他说了一句：“我得承认那是我生命中最爽的一刻。”菲利普·卡普托（Philip Caputo）也同样承认投身战斗让他“比以往任何时候都快乐”。参加过阿富汗战争的苏联退伍士兵说：“杀了一帮人真让人兴奋啊，可以说很有趣。”背景是最关键的，多数士兵复员回国后仍然像战前那样生活。研究者在对士兵在战时的经历——士兵在战争中被鼓励采取残酷行动——和退伍后在日常生活中引发的暴力犯罪之间的关系进行研究后，发现后者的暴力犯罪数量并没有明显增加。只有极少数人会将战争经历转移到日常生活中，毕竟两段经历截然不同。我暂且不谈特定情况下出现的残暴行为，先看一看残暴已成为其行为模式的那些群体。

大众普遍认为连环杀手是恶魔般的邪恶的完美化身。当我们读到关于某个连环杀手，例如亨利·李·卢卡斯（Henry Lee Lucas）的故事时，首先想到的是他之所以能够为所欲为，是因为他能从制造极端的不幸中获得极端的满足感。例如，卢卡斯会绑住受害者（多数是女性）然后告诉她，她活不了多久了。

之后，他对受害者进行残忍的切割和痛击，可能还会切去她的手指和脚趾，好让她知道即使活命也不得不终身残疾。还有其他更极端的例子不宜在这里列举。有些行为的唯一动力就是尽可能地伤害另一个人——只为制造最大限度的不幸。如果想要理解一种行为，我们必须理解它的目的——而这些情况下，行为的目的往往不甚明确。一些谋杀案不能解释为凶手一时气急败坏，想犯下一桩凶案，或者解释为受害者拒绝与犯罪者同谋。换言之，一些谋杀案不能用常理去解释；虽然这种情况比较少见，但确实是存在的。我们可以称之为自带目的型暴力（autotelic violence）：自我感觉合理的、自给自足的暴力。换言之，这就是“恶魔般的”邪恶。

为了恶而作恶

蒙田写道：

> 若不是我亲眼所见，我是不会相信人类灵魂竟然如此丑陋，为了欢愉去犯罪：砍断他人的四肢，用短棍敲击其头部，制造极端的酷刑和新式谋杀，这样做不是因为憎恶或谋财，仅仅是为了享受地观看对方在垂死挣扎时浑身抽搐的可怜姿态，听着对方发出惨叫和悲吟。至此，你便明白了何谓“残忍至极”。

人会纯粹为了恶而去作恶吗？一个人可以从他认为善的事

情中获得快乐是因为这些事是善的；那么，我们能想象一个人能从作恶中获得同样的快感吗？人们为了恶而作恶，是现存有关恶的文学作品的中心思想，许多人将这一思想作为邪恶的经典例子。这种形式的邪恶也是恐怖电影等文娱形式常用的主题。

叔本华将残酷定义为“乐于看到他人遭遇不幸，这个人不以自我为中心且刚正不阿”——其中不幸看起来像是“自我的终结”。贝雷尔·兰（Berel Lang）在一本有关大屠杀的书中说过，纳粹之所以大规模地屠杀犹太人是因为他们认为犹太人罪大恶极。C. 弗雷德·奥尔福特把施虐者视作邪恶的典范，称邪恶不仅是伤害他人的行为，还是对完全控制伤人能力的享受。巴塔耶（Bataille）将自足型邪恶视作真正的邪恶。例如，他不认为为了利益犯罪是邪恶的，因为这类犯罪如果不能得到任何物质回报就不会让罪犯产生快感。有关人们为了恶而作恶的想法不仅存在于犯罪、恐怖电影和思辨的形而上学中，它还体现在擅长思辨和分析的哲学家作品中。约翰·凯克斯（John Kekes）主张，有一些“道德魔鬼会习惯性地作恶”“他们选择去过卑劣的生活”。科林·麦克金（Colin McGinn）认为邪恶之人会以他人的痛苦为乐趣，作恶纯粹是为了恶的名义。他区分了“纯粹的”恶和工具性的恶，但是主要讨论的都是前面这种形式；同样地，他将邪恶视为施虐的同义词为其定义。约翰·罗尔斯（John Rawls）写道，“邪恶之人”的行为背后的助推器是对不公平的眷恋，他们寻求不公平是因为不公平与既定的公平规范断绝了关系。

上述作者都是依循奥古斯丁的传统表达了自己对作恶的看法。奥古斯丁描写了一则（可能是）全世界最有名的偷梨故事。大多数人想必还记得自己儿时从小偷小摸中获得快感的经历。当我还小的时候，家里有一块田地种满了苹果树和梨树，但是从树上掉到别人家地上的苹果和梨比掉到我们自己家的更香甜。奥古斯丁小时候也偷过梨，他将这段往事编成了一部关于善恶的剧本：

> 我家葡萄园附近有棵梨树长满了梨子，色泽和口感不太好。为了把果树上的梨子摇下来，我和一帮淘气鬼趁着夜色行动……我们收获了一箩筐梨。不过，这些梨不是用来自己吃而是拿去喂猪的。虽然我们也吃了点，但是我们的乐趣却在于做了不被允许做的事情。

奥古斯丁从中得出结论："我爱沉沦，不是爱让我沉沦的客体，而是爱这沉沦本身。"但是我发现，要让年长的奥古斯丁去看待当年那个幼小的自己比较困难：在他觉得自己罪不可赦的地方，我看到的却是一个寻找刺激的孩子。设想渴望获得刺激（而不是他的行为被视为邪恶）才是他偷窃的动机会更有说服力。这种刺激自然会与"偷梨是失范行为，有受惩罚的风险"这一事实联系到一起。由于获得刺激是主要因素，奥古斯丁的行为与极限运动的共同点比与施虐的共同点更多，他偷梨的故事没有为我们提供有关恶魔般的邪恶的线索。

最早提出的“施虐狂”概念呢？这是为了形容为了恶而作恶的人吗？萨德挑战了卢梭及其他启蒙思想家的观点，坚信大自然其实并不美好，犯罪和暴力才是自然法则。社会只是大自然的持续，是大自然固有的恶。萨德的代言人想要自由，想要挣脱社会的束缚——在这样做的时候，他们只是将自己与大自然捆绑在一起。在这里自然恶和道德恶没有被区分开来。萨德的计划是，让这种观点昭然若揭，并且利用由此产生的各种可能性。你们可以将萨德的作品看作对伦理学的嘲讽，不过他的野心并不限于漫画式的夸张表述。萨德哲学观的问题是：为了证明某件事情是邪恶的，就得将其他事情视为善的——而在萨德的思想里看不到他对善的认知。最终，我们得出结论，萨德拒绝接受任何有关客观善、客观恶的概念，只支持那些产生主观快感的事物。对萨德而言邪恶应当是被享受的……那么享乐就只能被认为是主观的善了。萨德笔下的一位主人公观察到“我对他人行恶能令我快乐，因为上帝对我作恶获得了快乐”。这个放荡不羁的人寻求能带来快乐的主观的善，因此，萨德的作品便无法用来发展“只为恶而作恶”这一个观点了。从他人的不幸中获得乐趣，在这里变成让人快乐的善事，即便这种乐趣是由邪恶导致的。

你们能想象出一个行为主体可以颠倒基本的道德规范，而将邪恶转变为主观的善吗？在弥尔顿的《失乐园》中，撒旦说："邪恶，你是我的善使。"我们必须自问这一观点是否有意义。在撒旦眼中邪恶能带来什么好处？答案只能是自由。撒旦反抗上帝因为他拒绝臣服于上帝及其戒律，并以此为傲。"从善向来不是我们的使命；作恶才是我们始终、唯一的乐趣；与上帝的崇高意志对立；他是我们抵抗的对象。"撒旦并没有说邪恶本身就是善的——这种表述没有意义，而是坚称自由是最大的善。撒旦将邪恶作为摆脱上帝控制的手段。那么，对他来说，邪恶只剩下工具的价值。自由意志让撒旦成了威廉·布莱克及其他浪漫主义者心中的灵魂人物，这个观点与弥尔顿的意向完全对立，因此他明确表示反对。我认为弥尔顿眼中的撒旦更像是一个冥顽不化的孩童，而不是自由的捍卫者。然而，撒旦的目标是获得自由，不是为了名义上的邪恶。

我在埃德加·爱伦·坡（Edgar Allan Poe）那里看到了另一种观点。在他的短篇故事《黑猫》（*The Black Cat*）里，叙述者指出人的内心藏有一丝"堕落之气"，也就是说"灵魂深不可测，并总是令自己困惑——向灵魂的本性输入暴力——只为错误而去犯错"。这种观点在《反常之魔》（*The Imp of the Perverse*）那里得到发展，其中反常的行为被描述成一种我们明知不该做却还去做的行为。爱伦·坡接着说，没有更深层的动机能够解释这种行为——没有根本的原则去支撑它，人们很容易将这类行为视为恶魔的工作。结果，爱伦・坡认为这些行为建立在“一个没有动机的移动物体和一个没有被激发的动机上”。我们很难从爱伦・坡对反常的简短描述中得出什么结论。他似乎是指，某件事是邪恶的这一事实足以成为人们做这件事的原因。但是这基本不能算是原因——它是非理性、非正当的；爱伦・坡接下来说有另一股势力似乎正在通过我们发挥作用，我们丢下这种理性讨论，转而进入病理学领域。爱伦・坡表示，行动被执行的原因并不是取决于它被视作主观的恶还是客观的恶；他最多只是指出，无论动机是什么，人们在作恶的同时也充分地认识到这种行为是邪恶的。这很难证明为了恶而作恶自身是一个行动理由，只能说明人有时会失去理智。即使失去理智的行为主体也会为自己的行为找理由——没有理由做出对自己不利的选择。因此，如果我们想象某人纯粹为了恶而去作恶，就要假设存在某种理性的机制让他做出这种决定。我认为只有三种可能的机制：美学、病理学，或者二者的结合。我暂且不会讨论病理学，因为它游离于自由语境之外——这里的语境是指设想某人能够（相对自由地）采取其他行动。那么，接下来让我们谈一谈美学。

邪恶的美学诱惑

行为主体可以为作恶找理由，他清楚地意识到自己做的是坏事，而理由本身不是建立在道德基础上的。简单地说，这种恶行让行为主体获得了快慰。

科林·麦克金将伦理学和美学结合在一起，认为邪恶在令人厌恶的行动中表现出来，暴力本质上就是令人反感的，等等。他的思想严格地建立在前现代美学概念的基础上，读者有理由问他是否意识到浪漫主义时期或现代时期曾经存在过。现在，我们这些浪漫主义者或者（可能是）后浪漫主义者能够在邪恶中发现美，会觉得暴力具有吸引力。然而，我更倾向于将暴力和邪恶视为崇高的而不是有吸引力的。康德认为崇高的东西会在我们身上产生一种“消极快乐”，这种快乐既有魅力又让人排斥。例如，康德就将“关注战争”视为崇高的东西。让我们来看一看，当一名美国越战老兵忏悔时，他回忆起当他眼睁睁地看着北越士兵的尸体时内心的想法：

> 我又一次站在人性的边缘，窥望着战壕，爱着眼前所见的一切。我已经拜倒在美学之下，它与对他人不幸的怜悯已无瓜葛。在那里我目睹了惊人的美景。战争不仅仅有丑恶的灵魂……它还美得惊心动魄。

通过审美化——思考电影中出现的战争画面，罪恶行动产生了吸引力。你可能会认为机枪扫射时发出的声音很悦耳，可能会爱慕铿光瓦亮的武器以及凝固汽油弹的色泽。战争甚至还可以演绎为一出喜剧，那些被伤害、被杀害的人好似喜剧人物。剥落战争的真实性，个体的脆弱和他人的不幸就比较容易忍受了。暴力自有迷人之处。我们可以说暴力令人憎恶，也可以说暴力让人沉醉。这不是自相矛盾的叙述。我们在这两种情形下都会探讨品位的问题，美学的品位不遵从道德判断。美学常常被视为自治领域，不受道德的约束。邪恶一旦被定义为美学客体，其道德品质就会中途凋谢。

如此看来，柏拉图的文艺批评基本上就是正确的：美学客体具有危险性，因为它缺乏理性。大约半个世纪之前，托基尔·比约恩维（Thorkild Bjørnvig）就描绘出了“时代之病”，将其定义为“美学特有的习性”。美学特有的习性是指，我们倾向于“被细节打动，强烈追求个人觉得美好的事物，始终厌恶那些自己认为丑陋的事物”。我们也可以称这种思想为“美学非理性”，其中美学判断被视为采取行动和破坏我们憎恶之物的充分理由。比约恩维引用的例子不一而足，包括了爱伦·坡的短篇故事《泄密的心》（*The Tell-Tale Heart*）和纳粹的大屠杀。在爱伦·坡的故事中，“我”杀害了一位老人，只是因为“我”无法忍受看到老人那只“邪恶”的鹰眼。“我”承认偶尔会喜欢那位老人，但是对他那只眼睛的憎恶让“我”把眼睛从老人的其他品性中抽离出来。任何时候看到这位受害者，那只眼睛都会占据“我”全部的视线。在汉姆生（Hamsun）的小说《在无意识的灵魂中生活》（*Fra det ubevidste Sjæleliv*）中，我们发现了类似的特异性行为，故事说的是有个人杀死了一匹马，只因那匹马看他的眼神不对劲：

> 我认识一位农夫，三十多岁，为人正直。三年前他因为邻居家的一匹马用“怀疑的”眼神看他而射杀了它。他这么做唯一的原因就是，他觉得马斜眼瞅他，这令他愤怒不已。由于他无法承认这个荒谬的杀马原因，于是一直保持沉默。大家都将这一举动归为纯粹的恶意。

赫尔曼·梅尔维尔在小说里描写了施虐狂克拉加特折磨比利·巴德（Billy Budd）的故事。梅尔维尔采用了比约恩维所谓的美学特质。克拉加特伤害比利·巴德的唯一动机是他无法忍受比利无辜的眼神。比约恩维出于同样的原因将纳粹主义称作美学意识形态。对贝雷尔·兰来说，犹太种族大灭绝到最后就像一件现代主义的艺术品。我认为这个观点是错误的。即便道德和美学在纳粹主义中紧密相关，正如它们在所有极权主义体系里那样，纳粹主义的论述也更多体现在道德层面而非美学层面。况且，纳粹主义的美学目标绝对不是要创造一件由死去的犹太人组成的艺术品，而是要清除那些他们认为堪比污物的犹太人。同时，我们必须要说，并不是集中营对犹太人的非人待遇造成了“他们是污物”的错觉，因为对犹太人的这种看法在大屠杀开始之前就有了。反之，非人待遇试图增强现存的、建立于意识形态之上的信念，即认为犹太人是污秽不堪的，以便抚慰部分行刑者的不安情绪。如果必须使用艺术打比方的话，那我们可以说集中营本身不算一件艺术品。艺术品必须是成品，是在所有无用之物被剔除之后剩下的东西——这就好比雕塑家去除多余的材料之后才能让一座人体雕像呈现出来。同时，我无法排除有这样一种可能性，即特定的个人在大屠杀中获得了美学上的快感——无论其审美品位距离我们自身的审美偏好有多大差距。

尼采称人们通常会“享受邪恶”，觉得“无意义的邪恶是最有趣的形式”。尼采或许想说的是，邪恶具有诱惑性，无意义的邪恶看起来特别极端，因而它也是一种有诱惑性的邪恶。这样的话，根本问题就变成了“邪恶代表了哪一类诱惑”。让·热内（Jean Genet）在《小偷日记》（*The Thief's Journal*）的开篇主张他“为了爱的名义”被驱使做“邪恶之事”。他想看到“一座新天堂”，在那里他应当“坦率地表露邪恶”。但是，这只是属于热内自己的“善”，他认为一些警察在“声名狼藉的”氛围中会感到舒适。热内看重的是建立一种异常的身份认同，与他偏离的、官方的“善”形成对立，从而来定义自己的“善”。被社会视为恶的事物，在热内眼中也是恶的，但他认为恶就是善。重点是他还认为恶具有吸引力，伦理学的地位因此从属于美学。

热内沿袭了波德莱尔（Baudelaire）的思想。波德莱尔认为邪恶在纯粹的道德范畴内是有害的，而在美学范畴他却珍视它。从美学和伦理学出发评价邪恶，就会得出完全不同的结论。万物都可以做得美观，而波德莱尔更想把美好与邪恶联系起来，例如他认为谋杀是美所拥有的最有价值的饰物。道德从属于美学，善与恶主要属于美学范畴："被我们唾弃的事物成了备受我们热爱的事物。"邪恶甚至还能克服倦怠，就像在《恶之花》(*Les Fleurs du Mal*) 中表现出的那种统一的形象。邪恶还变成了一种善，更确切地说是一种善的替代品——尽管这里的善是美学之善。当讨论到对恶魔般的恶的欲望时，我们必须将邪恶视为行动的道德基础。如果邪恶背后的动机是纯粹美学的，我们就可以很轻松地解释邪恶。"选择去实践道德恶，是因为它在道德上是邪恶的"这一观点在讨论美学的邪恶中未占一席之地；这一想法被"邪恶在此已经变成美学快乐的来源"这一事实破坏。

施虐

然而，我们必须要为"为了恶而作恶"的行为主体树立明确的观点。迄今为止，世上总是存在其他刺激作恶的因素。那么，找一个因折磨他人而感到快慰的典型施虐狂 (形象) 如何?

试图理解有人竟然能够对他人如此残忍时，一般的解释是作恶者将受害者贬低为一种物的状态，受害者被客体化以至于"你"和"我"的关系从此消失。这种客体化模式似乎适用于特定的情形，例如纳粹集中营近乎机器化的运作，但是它不能帮助我们理解施虐者的暴力。当罪犯仅仅将对方看作一个物体，施虐杀人便失去了意义。罪犯走路时也能将碍脚的石头踢到一边，这种行为无关紧要。施虐者更愿意踢人的脑袋而不是踢石头。构成施虐行为的首要条件是，受害者必须是有意识、有主观能动性的人。施虐行动预设受害者获得了一定程度的认同。否则，这个行为就是完全没有意义的。

我相信黑格尔的认知模式有助于我们更好地理解施虐。施虐狂想被人看作行为主体。在布雷特・伊斯顿・艾利斯（Bret Easton Ellis）的小说《美国精神病人》（*American Psycho*）中，这个观点得到了很好的展现。主人公帕特里克・贝特曼（Patrick Batemen）不幸缺少自我认同，他试图以极端的方式杀人以获得补偿。汉斯・摩根索（Hans Morgenthau）在一篇著名论文中指出，爱与权力有共同的来源，即孤独。但是，爱努力拆除两人之间的墙好让他们合二为一，而权力则想让对方心甘情愿对自己俯首帖耳。施虐狂渴望获得权力。受害者的哭喊证明了施虐狂有能力凌驾于对方，权力关系是真实存在的。（令对方产生）痛苦，不是施虐狂的目标，而是取得支配权的手段。当然，让对方遭遇痛苦也能让施虐者感到快慰。但是在“你”和“我”的关系中，痛苦服从于获得支配权的目标，也就是屈从于认同这一目标。

施虐狂在争取认同的过程中，让对方在自己面前彻底失去主观能动性，自我管理更是无从谈起。正因为如此，他的计划从最初就能看到结局：他一旦达到目标，他人的意识就彻底被击垮并顺从他的意识，至此便不能再为他提供他所渴望的认同。也就是说，服从的意识不再被看成一个个体。为了得到真正的认同，施虐狂必须得到他视其为一个个体的认同。根据黑格尔的模式——在此我将它作为讨论的基础，施虐者必然会失败；他们永远不会获得极力争取的认同。

科林·麦克金从另一个角度阐释了施虐，那样看上去施虐狂不一定会失败。麦克金称施虐狂是“存在主义的妒忌”（existential envy），感觉自己的生活不如他人的有价值。因此，施虐狂的任务就是让其他人的生活品质降到比自己更低的水平——这个假设很有趣，因为它让施虐狂获得了成功。不过，问题是我们没有理由相信每个施虐狂都会产生这种妒忌。我们也可以声称，施虐狂认为自己比受害者更好，因此感觉有权力对后者为所欲为。不论麦克金的模式多么成功，它的效用也不会发挥得太久。施虐行为会一再出现，因为施虐狂会不断遇到让其产生这种存在主义妒忌的人。

我们还可以想象其他情形。同情心是可以扭转的，我可能希望对方能感受到我的痛苦，可能想向对方展现自己的生活有多艰难。我要么通过象征符号的手段表达这种想法，如文字和图画，要么采用具体的方式，如对他人制造伤痛。这些念想不是为了恶而作恶，而只是为沟通所做的徒劳的尝试。在本书中，我对这个问题不会再深究下去。我主要想说的是，对于施虐有许多可能的、容易被理解的解释，它们与为了恶而作恶的想法形成对立。

幸灾乐祸

何谓幸灾乐祸？通常是指从他人的不幸中获得乐趣的行为。这与“为了恶而作恶”获得快乐是一回事吗？柏拉图把暴戾之人描写成对他人的痛苦感到兴奋的人。多数人都有这样的心理。从广义上讲，每个人都会不时地幸灾乐祸。科林·麦克金区分了主动的邪恶和被动的邪恶：一般而言，前者是指以主动地给他人制造不幸为乐，后者是被动地享受已施加的不幸。幸灾乐祸与“被动的邪恶”关系密切。叔本华将幸灾乐祸视为人性最卑劣的特征，一切罪孽中最恶毒的一种。康德也斥责幸灾乐祸是我们所感受到的友邻之爱的对立面，因而将幸灾乐祸描述成“无人性的”和“恶毒的”。

产生幸灾乐祸的想法主要有两个原因：普遍原因——因他人遭遇不幸感到高兴；具体原因——因获得公平待遇而欣慰。我们也不能排除幸灾乐祸的原因是这二者的结合。我认为，因正义激发的幸灾乐祸是可以接受的，也就是说，并非因为不幸的遭遇本身，而是一想到要实现公平就感到快慰。这一观点的哲学渊源可以追溯至奥古斯丁。如果幸灾乐祸的人不认为他人理应遭受不幸，那么这种幸灾乐祸就会产生伤害。大多数人都能体会到这两种模式，这基本上是没有争议的事实。然而，当我们的正义感因个人情绪牵连而出现困惑时，情况会更复杂，比如我们被妒忌干扰时。尽量不要认为遭遇不幸的人一定是做了坏事才会如此。信仰这种正义观具有危险性。

此外，我们经常看到暴力引来爱看热闹的旁观者。他们对在公共场合行刑抱有极大的兴趣，如果电视台开始播放行刑过程，收视率一定会飙升。在法国，断头台起初不太受关注是因为行刑的速度太快，市民几乎看不到什么，因此他们对重新启用绞刑架表示抗议。革命政府认真对待这些抗议，并实行了一系列改革（升高断头台，行刑完毕后展示犯人的头颅；一次性处决多名犯人，等等），以便让路过的市民看到。我们可以从两个方面对这一兴趣进行解释：（1）看客对此着迷，甚至乐于看到他人遭遇不幸和死亡；（2）乐于看到正义被彻底实现。有人认为相信（2）是天真的表现，但是几乎没人会享受无辜者被处决的场景。因此，为了让暴力令人快乐，它就必须看上去是合理的（或者像是虚构出来的那样）。否则，我们的公平意识就会让我们进行激烈的抗争。被丢进罗马斗兽场喂狮子的人被宣告为“罪犯”，这并非巧合。基督徒因发表异端邪说被处以火刑并不总是受围观者的欢迎，原因就在于围观者经常（的确如此）认为这些受刑者是无辜的。

我认为，人们在幸灾乐祸方面的表现并非如叔本华让我们相信的那般卑劣。我相信幸灾乐祸通常是由“感觉某人罪有应得”激发的——因为某人做出坏事和愚蠢的行为，等等。当然，我们也经常无厘头地大笑（当某人绊倒、摔倒时），并不是认为某人是“罪有应得”的，只是觉得这种情况滑稽可笑。但是，如果这个人摔得很严重或者伤筋动骨了，那么笑声就会戛然而止。这种笑也许应该被归为幸灾乐祸的笑，但是无论如何它都是无害的。我对某人幸灾乐祸，看似我试图把他往更好的方面想。然而，我确实认为多数人会相信“乐见或乐闻的不幸会以某种方式被证明是合理的”。比如，如果有人告诉我拉特科·姆拉迪奇（Ratko Mladic，斯雷布雷尼察大屠杀的主犯之一）罹患了一种恶性慢性病，我会为此感到高兴。但是，如果我听闻纳尔逊·曼德拉（Nelson Mandela），或一个连苍蝇也不忍心伤害的人患上了这种病，那么我的反应就会大相径庭。我们幸灾乐祸时就等于区分出了理应受罪的人和无辜者。我认为，幸灾乐祸的存在不能证明人们普遍都有施虐倾向。

主观的恶和客观的恶

苏格拉底声称没有人会蓄意作恶。每个人都向往美好的生活，可是邪恶的行为阻碍了目标的实现。苏格拉底的论点大致概括如下:（1）没有人愿意故意作恶;（2）要想从善（表现得卓异）就得明智地采取行动;（3）所有道德知识都是有关善的知识，因此所有的恶行是由对善的疏忽造成的。这个理论解释了恶行是如何成为可能的，而它又与我们将自己看作邪恶的行为主体的直觉不一致：我们在自己和他人身上看到了这样一种倾向，即明知是坏事还要去做。对苏格拉底的论点进行更细致的理解就是，做善事的人比作恶的人更幸福，但作恶的人往往意识不到这一点，他们在不知不觉的状态下行事。不是说某人忽视了其行为的特点是恶劣的，而是指他忽视了行为和幸福之间的关系。从这个方面来看，在“明知某行为是不道德的”和“选择以另一种方式去做这件事”之间便不再有对立——但是，尽管苏格拉底的阐释更符合我们将自己和他人视为行为主体的体会，它仍然否认存在“为了恶而去作恶”的可能性。因此，这依然无法帮助我们回答“这有没有可能”的问题。上述柏拉图思想的变体更加复杂，因为欲望起着至关重要的作用，并且欲望可以战胜理性。不过，邪恶行为在此处也是在不自愿状态下实施的。

如此，不管历经多少迭代，苏格拉底的解释看似并不真正符合我们对自身的惯常看法。道德设定的难题不仅在于我们要知道什么是正确的，还在于我们要去做正确的事。多数人在解释自身的行为时会依据柏拉图思想的变体——他们不去辩解自己是因一时疏忽或丧失理智做了恶事，却称自己当时被某类情绪控制，继而对这类冲动的强烈程度感到惊讶。尽管这种解释不一定是不理性的，但与“我们是自己行为的唯一负责人”这一观念对立。其背后的逻辑是：如果你总是让各种情绪左右自己，那么你一定是个可怜虫，但你也不用背负道德责任，因为你的所作所为都是无意识的。

亚里士多德认为我们可以有意忽略善的一面。他接受柏拉图的前提，即我们被欲望牵引，但他认为我们可以选择要不要被欲望牵着走。他将这一观点发展成一套复杂的理论，在薄弱的意志和邪恶的意志之间做出区分。薄弱的意志懂得什么是好的，但没有能力照此行事；邪恶的意志能按照自己对善的理解行动，只是这种理解是不正确的。在亚里士多德眼中，罪孽不了解自己，而脆弱可以——这样一来，行为主体就无法为了恶而作恶。行为主体在追求善的过程中仍然选择了作恶。亚里士多德伦理观的基本前提是，一切行为朝着善前进就是幸福。不将幸福作为目标的行为是形迹可疑的。所有行为的目标都是善，所以违背这一原则只能被视为未能按照对善的理解行事，或者只是没有意识到善可能会是什么。因此，对亚里士多德而言，所有邪恶的行为要么归咎于软弱，要么归咎于误解——这再一次与我们将自己和他人作为行为主体的体会不相吻合，因为我们很清楚自己会偶尔故意作恶且完全明白那些事是不好的。

为了恶而作恶，不能只归结于薄弱的意志。意志薄弱的人做了不该做的事是因为他在这件事面前屈服——他并没有主动地去作恶。保罗在《罗马书》(*Romans*)中描述了他对薄弱意志的体悟:“我所做的并非我想去做的善事;而我不想去做的恶事,却是我一直在做的。”为了恶而作恶的思想是矛盾的——它意味着我们刻意去做与我们所认为的好事相反的事。但是,有没有可能是我们以某种方式渴望获得不被我们视为好的事物呢?正如萨特(Sartre)所说,你必须去想你不想做的事,而不要再去想你希望做的事了。这关乎相互对立的两种意向,即当行为主体做了他认为邪恶的事,他就陷入自我否定之中,处于两难境地——“知道自己正在做一件不该做的事”和“不管怎样他都要选择去做这件事”。

之前我谈到一些思想家相信人会为了恶而作恶,简单纯粹,并将这种想法变成了邪恶的典型概念。然而,也有不少思想家支持相反的立场,他们认为人们总是被其视为善的事情鼓舞。托马斯·阿奎纳写道,如果某人不觉得邪恶之事有善的一面,那他就不会爱上这件邪恶之事。莱布尼兹顺着这条思路承认意志只会被善的认知激励,永远不会只受到邪恶的驱使。休谟(Hume)拒绝接受“绝对、无异议且公正无私的恶意”——公正的、本身具有目的论的邪恶没有出现在休谟的作品中。卢梭大胆地主张:“没有人会为了卑劣而去做卑劣的事。”他声称好人和恶人都试图做好事,只是恶人会损人利己。康德认为邪恶不会直接吸引我们的注意，只是会间接地影响我们——也就是说，我们会做恶事，但并不是因为这件事是邪恶的才去做的。我们想做恶事是因为我们将它们视为主观的善。

因此，我们就可以说当某人做了他觉得罪恶的事情时，罪恶并不是主要的吸引力。吸引力是另外一回事。真正的恶魔般的邪恶只能被描述为公正无私的，因为它除了自身之外没有其他目的。因此，我认为公正的邪恶是根本不存在的。有偏见的邪恶可能来自羡慕、妒忌、感到不公正以及各人的欲望，等等。它们受目的驱使。它们想保持或还原某种状态，或者想得到缺失的东西。在这些情况下，邪恶行为就被激发出来了。当然，我确实会做一些没有被附加很多意义的事情——每天做的大多数事情都是出于习惯而去做的，我不会去思考它们的道德状态。因此，要说我所有的行为都是因为我试图实现特定的善而进行的，那就显得很荒谬。反之，我相信我的行为在一定程度上是由反思引起的——在其中我能够为行为找到理由——行为的理由或多或少与实现主观的或客观的善有关。每个愿望都与“善”这个概念相联，即便这种善只是对行为主体自己而言的，而在别人眼中它一般被视为邪恶。满足欲望是善的，例如，通过强奸和谋杀能满足欲望，因此主观上看它们就拥有了善的一面，尽管强奸和谋杀自身显然是邪恶的。

换言之，我想把恶魔般的邪恶这一类型看作工具性的邪恶的变体。恶人作恶是想获得某种形式的善——为他们自己或者为了群体；恶魔般的邪恶必然与工具性的邪恶有关，因为后一种暗示了自我意识。另外，工具性的邪恶的行为主体和理想主义的邪恶的行为主体之间存在差异，不是一方渴望邪恶另一方渴望善，而是二者都渴望善。只是理想主义的邪恶的行为主体渴望的是客观上的善，而工具性的邪恶的行为主体追求的是他主观上的善。工具性的邪恶的行为主体，不像理想主义的同伴那样，他明知自己做的是恶事，却心知肚明地服从更高的目标。

康德与工具性的邪恶

当我谈到工具性的邪恶时，我采用了康德的关于人性根本恶的理论。如上所述，工具性的邪恶的行为主体知道他做的是恶事，却依然服从于更高的目标。康德对此进行澄清，称自爱优先于道德律。在康德看来，假设人性包含根本恶，这对解释自由和道德责任而言很重要。有些理论盲目地将所有的邪恶定义为恶魔般的邪恶，与之相反，根本恶的理论表示我们正朝着正确的方向迈进了一步……但是它也存在一些严重的缺点。其中，康德将邪恶追溯至人类历史上令人匪夷所思且未经验证的事件上，这一点（与康德的意愿对立）威胁要破坏人们为自身的恶行负担的道德责任。然而，我认为这些缺点可以得到令人满意的处理，康德的理论（进行了一些修改）对工具性的邪恶的基本原则提供了合理的解释，进而证实了我们为何要对自己的这类邪恶行为负全部责任。

“恶魔般的”意志的不可能性

康德对“为何我们会做本不该做的事”是这么回答的：我们让道德律——由理性构成且让我们做道德上负责任的人的法则——委身于感官体验。寻觅幸福或满足欲望不是不道德的。当追求幸福会产生有意僭越道德律的现象时，邪恶会率先出现。康德认为每一次对道德律的僭越都伴随着对道德律的尊重。我们无法完全忽视道德律或者用邪恶律来替换它。因此，当我们意识到道德律的权威，同时又忽视它的规则时，根本恶便产生了。

康德相信行为主体只能在某种程度上选择做其认为善的事情。如果我要作恶，那是因为这样做会满足我的欲望——即邪恶有可能是为了实现善。康德认为的邪恶行为主体明白什么是主观的和客观的善与恶，而他选择了主观的善而非客观的善。对康德理论的普遍反对意见是，他忽视了极端的“恶魔般的”意志有可能存在，即为了恶而作恶并从中获得快慰的意志——一种公正无私的邪恶。康德强烈否认这种邪恶存在的可能性。他认为我们是因为其他原因才选择作恶的。也就是说，我们为了自爱才做出这样的选择。

邪恶在康德那里不是指恶魔般的行为主体犯下的无节制的恶。它是我们每天都可能会遇到的恶，或可以称其为一般意义上的恶。根本恶不是极端形式的邪恶，而是我们每个恶行（甚至是那些不太令人关注的行动）的基础。根本恶是万恶之根。我们谈论根本恶不是在谈论虐待行为：根本（Radicalism）是指个人道德腐坏的深度，也是指我们将自爱凌驾于其他一切考虑之上的时候。结果，根本恶就与过着看似道德典范的生活完全相融了。如果我过着圣人的生活是希望周围人把我看作圣人，而不是因为我觉得这样的生活是道德正确的，那么我就是罪恶的，这是康德对根本恶的理解。还应当指出根本恶的理论完全符合人类的极端残忍。我们不必设想恶魔般的意志的原则来解释这类行为。在自爱逐渐蔓延、行为主体的道德因而渐渐败坏的背景下是可以解释这些行为的。甚至最堕落的行为主体也会为了其他目的作恶——为了自爱的名义。根本恶可以产生无限种后果。康德的根本恶理论有一个特别发人深思的方面，即我们日常的微不足道的违规行为有时与最残忍的恶行有着共同的源头。

康德区分了三种级别的邪恶，第一级会渐渐过渡到第二级、第三级。第一级，软弱或脆弱。行为主体的意愿良好，但是没有遵照意愿行事。第二级，不纯。行为主体不仅受道德一种动机的激励，而且受（多种）复杂动机的激励。第三级，邪恶或乖戾。行为主体倾向于选择犯下滔天罪行。前两级可以被描述为无意的邪恶，第三级是有意的邪恶。之所以认为第三级是有意的邪恶，不是因为行为主体为了恶而选择作恶，他选择作恶是因为他更重视自己而非道德规范。

康德行动理论的重点也是亨利·阿利森（Henry Allison）所说的“合并命题”。某个冲动或欲望就能决定行为主体的选择能力，当且仅当他已经选择将该欲望纳入其行为准则。因此，如果欲望能导致行为，行为主体就一定选择了让自己被欲望牵引。这样，感官享受在邪恶的戏剧中便不再扮演反面角色；道德责任预设，“独立于自然因素”是决定性因素。邪恶最终的设想是，某种倾向会被刻意纳入行为准则。

此外，康德眼中的邪恶既不属于心理学也不属于宇宙学，而是属于自由的形而上学。邪恶的根源可能在自由意志中，不过在那里发现的并非恶本身，而是罪恶现象。没有自由意志就没有批判的对象，因为自然无法屈从道德判断，即邪恶不在自由之外，邪恶可能是自由地产生的。康德认为，自由不能被定义为反抗道德律行事的能力，而应被定义为按照道德律行事的能力。当然这不是说自由也不能与拒绝自由的能力共存。

康德认为邪恶源于人性，每个人都要为选择从善或从恶负责。没有外部因素能够决定其行为或根本态度。我们天生就有选择的能力，其唯一的一个功能就是决定我们的行为准则。每种行为准则兼备感官的和道德的决定因子，于是便不能说邪恶源自拥有感官或道德内容的行为准则，而应当说邪恶来自行为准则所采取的具体形式。道德恶源于“道德律服从感官倾向”，根本恶便是选择顺从这些倾向。如此一来，根本恶存在于不道德行为之前。这是每个不道德的行为准则形成的主观基础。道德恶预设了根本恶，因为根本恶暗含在有意打破道德律的每个行为准则之中。

邪恶的悖论

我们有选择的自由，这是邪恶的来源。每次违反道德责任的行为都只能被解释为，我们选择了一个我们知道其基础和后果的行为准则。如果情况不是这样，就没有道德恶这种事物了。因此，我们为自己身上的罪恶赋予了某种倾向，而康德也坚持认为我们“生性本恶”。有关自由地选择倾向的观点似乎自相矛盾，康德并没有顺利地解决这一矛盾——转而明确地区分了本性和自由，在这里他似乎将两者混为一体。自由地选择作恶的倾向，这一概念是自相矛盾的。为了解决这个悖论，此处的“本性”必然意味着除它之外的事物，因为“本性”在这里不是天生的，而是选来的。

我们可以这么理解康德：他描述了邪恶的维度（它适用于

每个人），而不是讨论每个人天生固有的东西。康德认为善的概念是必需的，因为道德律不是我们可以随意丢弃的。另一方面，邪恶又是偶发的，尽管人们不能轻易消除自身的根本恶。换言之，根本恶既是人类共有的，又是人身上偶然出现的特征，每个人都有违逆道德律的倾向。然而，除了对“大量惊人事件”表示无助之外，康德没有为邪恶的普适性提供证据。思考一下康德的主张——根本恶的存在无法通过实证证明，这样的修辞技巧着实令人生疑。康德没有提供实证证据去支持他的论点。这里的问题是，我们的动机本来就不是实证的、可观察的。我们至多可以从构成行为基础的动机那里得出结论，却无法绝对明确地为这个动机下定论。我们不仅对他人的动机缺乏确定性的了解，对自身的动机也常常把握不准。我们的内心并不比外在于我们的事物更清晰，某行为背后的动机总是犹抱琵琶半遮面。同样地，我们也无法观察某一行为准则，尽管可以从行为本身得出有关准则的结论，进而得出有关行为主体信念的结论。对某个行为主体是否邪恶的判断不能通过经验证实确定是对的，这种证实只具有相对的确定性。即便在许多行为主体身上相对能确定根本恶是存在的，但事实仍然不足以证明根本恶是普世的。

人性可能已经选择了向恶的倾向，但是康德辩称我们不能及时将这种选择溯源至某一具体方面；如果可以，我们将暗示一种因果关系，它会最终破坏需要做后续选择的自由。如果我们要讨论所选之恶的来源，康德认为我们必须理性而非随意地理解这一来源。康德采用这种论证方法是为了避免回答“我们已选择自己的本性”这一概念所提出的问题，即在人类发展的哪个阶段产生了这种既定的选择？然而，即使关注这类选择所暗含的事件逻辑链时，康德仍然会陷入一堆麻烦之中。

根本恶预设了我们有道德律的意识。如果行为主体不能明白道德律的要求，我们就没有理由将罪恶归咎于他。行为主体的罪恶的来源必须是他能够负责的情况。因此，罪恶的来源就不会存在于“我是一个个体（个人）”这一事实中，即来源不在我的身体属性、理性或二者的各类组合中。这个来源必须在选择中发现，而且这个选择必须是已被告知的。结果，我们必然会假设，当我行动时我能意识到选择中所包含的两类原则：道德律和自爱。就其本身而言，道德律不会激发行为主体的行为，反而是行为主体对道德律的意识为他的决定奠定了基础。这种意识通过对道德律的尊重传达出来。但是，我们如何产生这种尊重？康德可能给出的唯一答案是：通过违反道德律获得这种尊重。正是违反道德律行为本身让我洞悉自己的自由。对康德而言，某人对自己做出不道德的行动感到厌恶，说明他在道德律下是自由的人并且有义务遵循道德律。

我们熟悉道德律，因为它会影响我们的情感，我们对道德律的尊重是通过愧疚感传达的。我们通向道德律的唯一途径就是愧疚感。康德认为，这一观点甚至对道德最败坏之人也适用。我心有愧疚，所以是自由的。若要问我究竟为什么愧疚？答案似乎是：我为违反道德律而感到内疚。但是，我如何会因为触犯一个连我自己都没意识到的律法而感到愧疚呢？正如《罗马书》中所写的："没有律法的地方就没有僭越……在律法诞生之前世上已经有了罪恶，但是律法不存在时，人们不会去考虑罪恶。"某人可以去做客观上显然不该去做的事，即使他们不了解相关律法。然而，如果不了解律法，他们就不能被视为有愧疚，如此看来也就不必为无知负责。如果某人需要为自身的无知承担责任，我们会这样谴责他们："你应该知道……"；但是如果需要负责的一方无法更多地了解当时的情况，那么这种控诉就完全缺乏逻辑——这就是个体行为主体在违反道德律之前发生的情况。他们无法了解得更全面。既然道德律的意识只能事后产生，即当道德律已被侵害，且内疚感由此产生时，那么所谓的"最初选择"就必然会在我们了解道德律之前就产生了，康德如是说。讨论到这里，我们已经无法通过任何有意义的方式使用"选择"一词了。

在行使选择能力时，我们会选择道德或不道德的行为准则。不存在道德中立的准则或行为。我们无法想象有什么能够超前于或激发这一选择。我们希望解释人为何会选择邪恶，但是康德只进行了常规的描述，没有涉及任何具体的基本原理（原因）。疏忽的依据是，这类原因会破坏瞬时、自行的主动选择的状态。然而问题是，我们现在有了做选择的想法，可是它背后没有原因，因此我们无法试着去理解这个选择。其实我们并没有进一步解释自己为何会选择罪恶。康德意识到讨论中的局限性，强调作恶的最初选择具有"不可预测"的特点，从中我们无法找到可信的根据。但是，在宣称自己为理性合理的理论中提到"存在既定的不可预测"是不被接受的。

然而康德却指出，最初对邪恶的选择是不可预测的，这样做是为了避免一个明显的"回溯问题"。行为主体的性情是最广义、最普遍的准则，它构成了选择所有其他更具体的行为准则的基础。然而有一点很明显，性情的准则将暗示它是较早产生的准则，用来为之后选择的准则奠定基础。这种语境意味着不可能存在最初对邪恶的选择，因为每个选择都暗示了之前做过选择：你要变得邪恶必须首先是个恶人。如上所述，康德意识到这种回溯问题，但是他对问题的解决方法不尽如人意——他假设最初的选择已经产生，无法进一步探究。

根本恶是自相矛盾的，因为它所暗示的最初的选择只有在已经存在的预设中才能成为可能。这是一个对自身做预设的选择。结果，个人对自身的罪恶看上去既负责又不负责。在正常情况下，某人选择接受这种悖论，不让一方凌驾于另一方，但康德不能接受这种可能性。他找不到任何中间位置，因为作恶的动机是不确定的，行为主体将在自律和他律之间摇摆不定。在康德的道德宇宙中，责任既可以是我的也可以不是我的。在自律和他律上采取不确定的立场就等于选择了他律。基本问题是，行为主体的行动是否表达了他的自由，如果他已经自由地选择了遵循自己的基本性情，这个问题就能得到正面的回答。同时，康德未能令人信服地展现这种自由选择的存在。

康德对最初选择邪恶倾向的执念看似基于两个前提：(1)我们指责行为主体不遵守道德准则，这些准则是由不道德倾向导致的结果；(2)这类谴责是合理的，因为行为主体已经选择了倾向。前提(1)相对来说没有问题，我们就是如此责备对方的。而前提(2)非常值得怀疑，因为康德没有清楚地解释这类选择如何变得可能。

道德重生

我们看到了康德未能顺利地解释对邪恶的最初选择是如何成为可能的。这不一定暗示他仍然未能证明“道德责任”这一概念是合理的。即使我们不能对“自己是个恶人”负责，也一定会因为“保持邪恶的原样，不努力向好”而遭受指责。如果我们能够选择遵循向善的性情而不是趋恶的性情，就会面临上述情况。不幸的是，我们身上不存在这种可能性，因为根本恶腐蚀了所有准则构成的基础。个人可能希望形成某种准则以便改变自己的性情，但这看似不可行，因为构成所有准则的基础已被玷污。即，如果每个善良准则的形成已被破坏，那就不可能克服我们向恶的倾向了。

然而，康德辩称，人们是能够克服向恶的倾向的，他把这个观点建立在这样的逻辑基础上：我们有义务战胜邪恶，这个义务不会要求我们对自己给不了的事物负责。如果容许假设，我们就会认为如果某事确实是我们的义务，我们应当能够承担。因此，康德认为战胜邪恶是可能的——而获得胜利需要改变行为主体的性情，改变以神的援助为前提。康德继续说，人必须尽其所能让自己值得拥有这份援助，然后他们要做的就只是期待它的降临了：不敢保证一定能得到。康德的道德人类学告诉我们，人们不能凭己之力战胜邪恶，从这个方面考虑，义务便不会令人备感压力。人应当试着战胜邪恶，但不应当因为失败而受到指责。总之，因某人没有获得神的援助而谴责他是不合适的。只有得到了神的助力，行为主体才能完全自由。完全的自由是上帝赐予的礼物，得到这件礼物之前，行为主体只能获得部分的自由。

因此，邪恶看似不可避免，我们不仅仅要利用道德和人类的意志去征服它。那么，道德如何能像康德所说的那样独立于宗教呢？在《宗教》（*Religion*）第一版的序言里，康德称他的道德哲学完全独立于宗教教义，人们无须借助更高的力量把自身变成善良、道德的行为主体。不过，我们从未看到康德证实了这一主张。

我认为康德努力解释邪恶的可能性以及人对邪恶的责任显然是不成功的。关于一个人如何对选择向恶的倾向负责，他没有给出理性的、令人满意的答案，因为他没能表明这种选择最先就存在。况且，他没有解释这种选择如何成为可能。他也没有理性、合理地解释如何才能征服向恶的倾向，即我们如何才能成为更好的人。

这里的关键点是，康德假设在善恶之间存在一个基本选择，所有其他行为或多或少地来自这一选择，因为这个选择是所有准则构成的基石。至此，重点便由具体的主动选择转向所有主动选择之基础的最初选择上了。康德首先假定我们选择了向善或向恶的基本倾向，然后假定这个选择成为所有后续准则构成的基石。这两种假设对我而言都值得怀疑，或者可以说，康德的第一个假设让第二个假设疑窦丛生。康德只看到了两种可能性：一个人非善即恶。而更可信的看法是，认为所有人（包括外表和内心）既善又恶，而不是已选择了从善或从恶。一个人的生活、行为，都是在日常生活中塑造自我。在这个过程中，个性也得到了发展。但是我们从来都不能确定自己要选的是好性格还是坏性格。每个人都会选择善与恶，只是有些人倾向于善，有些人偏向于恶。康德不一定会反对这个想法；他仍然认为哪怕是最恶毒的人内心也有善的种子，而在他所构建的理论中，绝对的优先权不是全给了每个人的善良，就是全给了他们的邪恶。我怀疑的正是他这种绝对的优先次序。就个人的情况来看，我们在善恶之间抉择，即便个人的性情会影响选择，每个人仍然可能选择善而非恶。自由，指的是在既定情形下做出不同举动的能力，是存在选择的任一情形下所固有的。当康德主张，既定的最初对邪恶的选择破坏了一切后续准则的构成时，他努力想消减的正是这种自由。简言之，康德给自己制造了不必要的麻烦。他设想我们起初选择向恶的倾向是为了说明我们对这一倾向负有责任，因为根据他的理论，仅凭选择就能为责任夯实路基。但是如果这个倾向没有发展成“非此即彼”的状态，而是发展成了“并列”状态，那责任原则仍然会被这样的事实支持，即个人总是有义务向善发展，因为人是能够向善的。

康德的理论有其局限性。它基本只适用于那些知道自己所做之事是错误的行为主体，更明确地说，适用于工具性的邪恶的行为主体。因此，康德的理论有必要由其他理论补充：以理想主义的邪恶的形式，即行为主体相信他的所作所为是善的；以愚昧的邪恶的形式，即行为主体会不停地思考其行为是善还是恶。

邪恶是他者——理想主义的邪恶

欧内斯特·贝克尔（Ernest Becker）说过："人天生地、不可避免地拒绝死亡和倾心打造一副英雄式的自我形象，是人类邪恶的根源。"我认为这个观点是极其武断且缺乏依据的。我不相信多数人真的是想让自己看起来"像个英雄"，我们不会抗拒死亡，而会将它视作生命中不可回避的事实。另一方面，我相信下面这段话体现了贝克尔的深刻洞见：

> 人的确是一种忧伤的生物，因为他们意识到了死亡。他们能在任何让其受伤、患病，甚至剥夺其快乐的事物中看到邪恶的身影。这里的"意识"还指，即便眼下不存在危险，人们也会被邪恶困住；人生就是在思考邪恶，人生变成了有计划的冒险，其中人们试图控制已经发生的罪恶，抢先防止可能来临的险恶。
>
> 结果，人类存在的最大悲剧出现了，我们称之为"迷恋邪恶"的需要，即在某些特殊的且邪恶可被控制的地方发现对生命的威胁。这之所以令人感到悲哀，正是因为这种需要有时极为武断：人们对邪恶浮想联翩，在不该发生的地方看到它，胡乱利用它害人害己。

我认为，有关邪恶的想法比其他因素制造的邪恶更多。致力于克服幻想中和现实中的邪恶的项目，比直接的僭越行为引发了更多的罪恶。人类的攻击性行为更多的是由自己的想法而非荷尔蒙驱使的。作为人类，我们努力发现意义，寻找、创造意义，我们创造出了构成行为基础的观点。核心的两个概念是“善”与“恶”，它们经常与“我们”和“他们”的差异紧密相连。恶魔，或邪恶的人，总是他者——永远不会是我们自己。

诺瓦利斯在某一段文字中称，人们作恶是因为他们憎恨邪恶：他们将一切都视作邪恶的，进而发挥自身的破坏力，其破坏性又反射到他们自身，强化了其世界观。在努力克服邪恶的过程中，人们将邪恶也带到了世界上。现在我不是在这里辩称所有的邪恶都是想象的产物：我们的行为导致了现实的邪恶，我们自己遭遇了现实的邪恶。我进一步相信人们确实有义务去打击这些邪恶，但是令人悲哀的是，我们经常打击那些被误认为是邪恶的对象，以至于让世间充满了更多的邪恶。

从历史上看，我们反复目睹灾难性的结局，它们来自人们渴望从地球上铲除自认为是邪恶化身的事物。诺曼·科恩（Norman Cohn）指出，在中世纪女巫和异教徒审判、文艺复兴和纳粹犹太种族大灭绝之间有着发人深思的连贯性。无辜者被指控实施巫术、散布异端邪说，然后被施以火刑，行刑者却相信自己站在善的一边——诉诸暴力的人常常将自己视为善良的代言人：为正义事业而斗争。这无疑指的是许多基督教十字军以及现今的恐怖分子。从受害者的角度看，情况则大不一样。

尼采写道，由爱发生的任何事都超越了善与恶。我很难赞同这一观点。世上很多邪恶正是因爱产生的——对自己、家庭和朋友的爱，对国家的爱，对抽象理想的爱或者对领袖的爱。不管动机是什么，我们所做的一切都在善恶范围之内。实际上，一些善的概念本身就是邪恶的。

“我们”与“他们”

我们构建世界并通过相互对立的观点定义自身，例如基督教和异教、男人和女人、挪威人和外国人、雅利安人和犹太人、希腊人和野蛮人、白人和黑人、胡图人和图西人，等等。这些成对概念首先区分的是“我们”和“他们”，并且在具体历史、地理和社会背景下具有不同的含义。可以说，身份构建的基础就是区分“我们”和“他们”。这些成对概念内在没有错，尽管有些划分比其他的更武断些。问题是，这些成对概念经常不对称地被解读，从而构成歧视的基础。

德国律师和哲学家卡尔·施米特（Carl Schmitt）写道：“如果仅凭敌友足以高效地为人类分门别类，那么宗教、道德、经济、伦理等的对立面就会转变成政治的对立面。”施米特发现，这么想会导致戏剧性的后果：对他而言，政治就是分清敌友。政治行动源于对自身的保护而破坏威胁自身的一切，仅凭讨论我们几乎无法战胜对立面。这类政治行动只是国家的权利，目的是为了保护国家，就像瓦解内部的敌人那样，即排斥那些不符合这种均质整体的人。

诺瓦利斯转而将邪恶描述成孤立的，将其作为分隔原则。“邪恶”一词的挪威语“ondskapens”源自希腊语“diabellein”，有“区分”或“分离”的意思。当人类的结盟被打破时，邪恶就会产生，原来具体的关系只因为抽象的身份认同而在瞬间碎裂。当世界被分成绵羊和山羊、分成善良与邪恶时，绵羊——自称的善——就有可能置山羊于最惨的境地。这时，绵羊的群体认同就会增强，为形成更新、更好的山羊认同奠定基础。暴力让群体联结到了一起。菲利普·古里维奇（Philip Gourevitch）将种族屠杀描述成团建中的练习。我们容易“淡忘”对他人采取的、被称之为邪恶的错误举动。第二次世界大战后，世界普遍认为德国人是邪恶的，捷克斯洛伐克和波兰关押、强制驱除了大约 1150 万名德国人，此举没有令太多人感到震惊。甚至当他们听闻有 250 万名德国人死于堪比纳粹暴行的残酷条件下时也不为所动。然而，多数被驱逐的德国人并未参与战争或迫害行动。他们中大多数是女人和孩子，只因他们的德裔身份便被视作“邪恶”的。这类事件在 1995 年的夏天再度上演——25 万名塞尔维亚人被赶出克罗地亚。塞尔维亚人被视为“邪魔”，极少有人同情他们的悲惨命运。

他者是恶人的事实，常常作为我们采取必要手段打击他人的充分理由。然而，这并不是说“我们”一定是好人。双方都是邪恶的也完全有可能。了解这一点很关键。即便有合理的理由将“他者”定义为邪恶的，也不能用“他们就是恶人”这一事实保证无论采取何种手段打击他人都是合理的。后一种结论实在太普遍。当代还有个著名的例子：奥萨马·本·拉登（Osama bin Laden）声称自己代表“善的恐怖主义”，他打击的是美国“恶的恐怖主义”。对理想主义的邪恶的行为主体而言，以善的理由伤害他人不仅能被道德允许，也是一种道德义务，因为他者包含了必须予以打击的邪恶。显然，本·拉登深信这一点。他在1998年5月的采访中说，杀死美国士兵和平民及其盟友是每个穆斯林的神圣使命。他举例强调美国在日本广岛和长崎并未明确区分军事伤亡和平民伤亡、男人和女人、成人和儿童，以此证实他的主张是合理的。本·拉登认为，美国应该对在战争中所犯下的重罪内疚，这么看是没错的——美国不应当忽视军事目标和平民目标的差异，但是本·拉登牺牲了数千名美国人的性命去反抗美国政府及其生活方式的不公正也不能被证明为合理的。恐怖分子发动的“9·11”暴行无论如何都不能看作受到了善的鼓舞。这种手段怎会有善的影子？结果无非是制造了大规模伤亡。人们自然会相信，屠杀了上千名无辜者的人必然能意识到自己所做的是恶事，但是，就连最基本的道德理解也会在意识形态信仰面前栽跟头。世界是纷繁复杂的，而理论上的邪恶又将这种复杂性简化成了单一的二元对立——

世界渐渐变成一部善恶之间的形而上学戏剧。世间之事非好即坏，此外便没有其他道路可选。

宗教经常走两极化的道路，对持有其他信仰的人进行妖魔化，为其贴上“邪恶者”的标签。考虑到我们必须打击邪恶，其他信仰在此处可以理解为合理的迫害对象。迫害者是“好人”而受害者是“恶人”。十字军是个典型案例，此外我们还能举出更多近代以来的例子。1994 年 2 月 25 日，巴鲁克·古德斯坦（Baruch Goldstein）朝着正在希伯伦祈祷的穆斯林开枪，导致 130 人死亡。古德斯坦深信自己代表了善的一方，穆斯林是恶的一方，许多犹太定居者支持他的行动并将其奉为英雄。古德斯坦的这类行为在《圣经》中有先例。例如，在《民数记》（*Numbers*）中讲到以色列人发动战争抗击米甸人（Midianites）。据说，摩西看到自己这一方的士兵杀了米甸士兵却让他们的女人和孩子活下来感到气恼。于是，摩西下令除掉所有小孩，包括刚出生的婴儿和处女以外的女人，其余的女人成了奴隶。《创世纪》（*Genesis*）中也有一段针对亚玛力人（Amalekites）的类似命令。唯一的区别是，在这次事件中所有亚玛力人都被剿除：“现在出发，去袭击亚玛力人，毁灭他们拥有的一切。不要手下留情，不管男人女人、孩子婴儿、牛羊、骆驼和驴子，格杀勿论。”《圣经》中包含了许多对此类事件的描写。

这种肃清运动的典型特征是，侵略者和受害者的关系被侵略者颠倒，侵略者因此成了“实际上的”受害者。受害者成了被谴责的对象，被视为代表了挑衅的一方。阿恩·约翰·维特勒森（Arne Johan Vetlesen）指出，这种关系倒置在20世纪的种族清洗中均有体现。多数基于群体思维的内在逻辑：道德恶的特点和实践常常归于“他者”，尽管这类指控尚未得到支持；群体归属感建立在对“我群体”和“他群体”对立的判断之上。

白人殖民者常常误以为原住民是“邪恶的”、自相残害的野蛮人（这种看法是不准确的），而非洲原住民也经常以同样的眼光评判白人殖民者。他们想象着殖民者用盐腌制、熏烤人肉，用脑浆做芝士，用血液做红酒。在运奴船上，被囚禁者甚至因为拒绝食用他们认为可能是用人肉做的食物而活活饿死。殖民者和原住民双方都认为对方道德败坏。

这种分化的趋向可以在本尼迪克·安德森（Benedict Anderson）的“想象的共同体”概念中得到较好的解释。共同体是被想象出来的，因为一个群体中的多数成员从未相互接触过，将来也不会有接触。事实上，群体中的多数成员甚至都没听说过彼此。但是，他们拥有群体认同感，即一群人所共有的某一方面或特征不断升华，直到构成共同体形成的基础。这一特征是从无数特征中随机选出来的，进而构成基本的差别，激励成员们区分出“我们”和世界上“其他人”——有关“我们”和“他们”的其他许多特征可能一同被忽略。例如，在前南斯拉夫正是“想象的共同体”概念令人们之间虎视眈眈。实际上，双方说的是同一种语言，属于同一个“斯拉夫”群体。我们很想知道是什么特征让某个群体成员联合起来对抗另一个群体的。人们将冲突归咎于历史、宗教的差异，在 1989 年之前多数南斯拉夫人对这类差异未做过多考虑。也就是说，这种差异只在很短的时期内被创造出来，而它们足以将朋友变成敌人，让某个群体去伤害另一个群体。一种想象的共同体激发了对另一种想象的共同体的迫害。

区分“我们”和“他们”的特点，可以看作为不同的足球队喝彩。1985 年在布鲁塞尔的海瑟尔体育场发生了一幕惨剧，当时的比赛是尤文图斯队对阵利物浦队，有 38 名观众在露天看台被杀害。这起事件告诉我们，“我们 / 他们”的二元划分会酿造多么惨痛的后果。类似的其他事例还包括，1969 年由于足球世界杯的两场资格赛导致了洪都拉斯和萨尔瓦多之间爆发的“足球战争”。当然，这两个国家的冲突由来已久，只是这次战争持续了 100 个小时，葬送了大约 6000 条生命。有关体育赛事冲突的一个极端例子发生在公元七世纪的君士坦丁堡。君士坦丁堡有一座巨大的竞技场是为战车赛准备的，参赛者将战车涂成蓝色和绿色以示区别。战车赛迷很快就通过颜色找到了自己的阵营，两个群体（蓝营和绿营）顷刻形成。之后不久，两个群体被附加了政治和宗教色彩，部分原因是被罗马教皇指责为异教徒的皇帝阿纳斯塔修斯（Anastasius）支持了绿营。结果，所有绿营的支持者都被视为异教徒。渐渐地，绿营和蓝营越发狂热，最终在阿纳斯塔修斯皇帝任期即将结束之前举行的宗教节上，绿营成员杀害了 3000 名蓝营成员。阿纳斯塔修斯的继任者是查士丁，查士丁之后是查士丁尼，他恰好支持的是蓝营。但绿营和蓝营的冲突没有停息，532 年在竞技场发生了大规模暴乱，三万名绿营成员因此殒命。

如此看来，“我们”与“他们”之间被感知到的差异可能来自极微小的细节。我们经常将其视为弗洛伊德所谓的“对微小差异的自恋”（narcissism of minor differences）。叶礼庭（Michael Ignatieff）受弗洛伊德的启发，认为双方的敌对程度与它们的差异程度成反比，这一观点从严格意义上讲不符合事实。不论你和对方的差异是大是小，你们对彼此的敌意可以少也可以多。极其微小的差异，即基本上不会被外人察觉的差异，会引燃强烈的憎恶，并不一定遵照因果关系。然而，常常基于最微小特征的“我们”和“他们”的差异的确可以导致系统性歧视。即使构成分类基础的品性与伦理不相关，它仍然会产生伦理结果。在迫害犹太人这一极端例子中，道德分类被普遍认为适用于个人所处的群体，而其他群体则被排斥在这一道德竞技场之外。亚里士多德的经典原理——有关（不）平等的情况应当被（不）平等地对待——被群体团结系统地破坏了。

用亚里士多德的话说，人类是政治动物，倾向于群体生活。群体团结似乎是基本的人类需求，但是，一旦这个群体纽带过于紧密，群体成员便不能作为个人进行思考，从而不再反思群体的价值观、理想和行动时，危险就会产生。当“我们”和“他们”的区别真正建立起来的时候，个人常常会为了自己考虑，进而用群体的价值观和判断来代替自己的价值观和判断。个人反思的需求消失了，为自己着想在群体中甚至还会被视为不忠诚的表现。群体是危险的，因为群体没有“良知”（“良知”是个人才有的），所以群体中的个人看似摆脱了道德的约束。爱默生（Emerson）描述了暴民是如何故意剔除自身的理性而让自己变成动物的。群体认同战胜了个人道德反思。将个体特征拱手让与群体，意味着同时上缴了个体的思考能力，反之亦然。你必须把自己看作一个个体才能将他人看作个体——对自我去个性化会导致对他人的去个性化。

威廉·布莱克写道:“没有人能够在敌营中看到个人……我不可能爱上敌人，因为敌人不是人，而是野兽和恶魔。”很难将某个敌人看作某个人，因为“敌人”的概念妨碍我思考共同的人性。你不应该杀人，但是当他人被视为怪物时，铲除这个威胁你的人就容易理解了。所以，识别出每个人身上的人性很重要，或者这么说：当我们考虑意识形态或群体认同时，不能忽视个体的人性。正如茨维坦·托多洛夫（Tzvetan Todorov）所言：

> 当有人看不到自己和敌人的相似点，并且相信所有的

罪恶都在他人身上而非自己这里时，他注定就会变成他的敌人那样。但是，如果这个人在自己身上看见了罪恶，发现自己与敌人也有相似之处，情况就不同了。我们拒绝承认相似点反而会增强相似性；承认相似点才能削弱相似性。我越想自己与众不同，越是与众人表现无异；我越想自己没有特别之处，越会表现得独特……

暴力的个体

将人简单分为“善”和“恶”的倾向显然是一种群体暴力，而这种倾向也可以体现在个体身上。群体暴力比个体暴力理解起来更容易，它因利用群体施压而设立共同的目标备受谴责。那么，我们应该如何解释个体暴力？我们经常见到，个体的激进倾向和暴力本性被视为一种威胁或自尊心较弱的表现进而遭到指责，但这种结论并非显而易见。我们尚未证实“自尊心较弱”与暴力行为之间有必然关联。典型“恶棍”的所作所为（选择特定的目标，接着进行身体和心理的打击）不一定是为了补偿不安全感；相反，他们往往很自信，自尊心较强。也许你会说他们的自我形象缺乏稳定性，于是通过征服他人来增强这种稳定性。如果有什么威胁到了他们的自我形象，他们就会感到羞耻，继而出现的攻击行为会被看作对自我屈辱的扭转。不愿蒙羞的个体会攻击被视为羞辱了他们的人。

“暴力”这一概念不甚明确，很难给出清晰的定义。身体暴力受限最少，它手段残忍，让人痛苦，直接施加在肉体之上。泰德·洪德里奇（Ted Honderich）将暴力定义为变态地使用强力。我对暴力的定义是：违背常人意愿并试图对其造成伤害或痛苦。那么问题来了：为什么会发生暴力？为了打击他人，我们能找出无数理由。自控通常会让我们的心绪平和下来，而有时我们也会失去这种自控，即失控是主动的而非被动的。这具体体现在，多数“失去”控制的人不是完全失控，在深深伤害他人之前他们会收手。正常情况下，当某人相信自己遭遇不公对待时会失去自控。暴力不仅会制造混乱，还可能形成秩序。在某种意义上，暴力尝试从混乱中建立秩序：去复原已然失去的平衡。

所有行动都是根据具体情况采取的，即它们发生在既定情境下，这种情境之前已被行为主体评估。朗尼·阿森斯（Lonnie Athens）在其深入研究暴力犯罪的著作《暴力犯罪行为及其成因》（*Violent Criminal Acts and Actors*）中将“情境”作为分析的核心。阿森斯研究的重点是，暴力行为不应当被理解为来自无意识动机、内心冲突、突然迸发的激情等，而应当被理解为由个体有意识地构建出来的行动策略，个体认为他们所处的情境需要借助使用暴力。换句话说，暴力不是突然暴发的或未经深思熟虑的行为。暴力是做好决定之后产生的结果，是对事件的特殊解读方式。阿森斯区分了四种暴力解读类型。

（1）身体防御型（physically defensive）。施暴的个体相信暴力是避免对方伤害自己或其他人的唯一手段。

（2）挫折型（frustrative）。个体认为受害者试图阻碍自己行动，或受害者可能试图强迫他去做自己不愿做的事。他认为只有暴力才能让自己心想事成。他意欲实施的暴力行动包括抢劫、强奸或类似的违法行为。

（3）邪恶型（malefic）。个体认为受害者怀有恶意的企图，想要羞辱或嘲笑自己。针对这类恶意，采取暴力是合理的反应。

（4）挫折—邪恶型（frustrative-malefic）。这一类型结合了（2）和（3）。个体认为受害者试图妨碍或强迫自己以某种方式行动，受害者因此被认为怀有恶意。

阿森斯为上述每种判定提供了许多具体的例子。在每个例子中，作恶者都将自己视为“善的”，将受害者视为“恶的”。一般而言，对动机不明的暴力的描述只存在于受害者的叙述中。受害的一方会谈及“无端的邪恶”，而作恶的一方通常会指明自己被先激怒的这一特定事实。事实上，所谓的“无端的邪恶”几乎总是由敌对双方引起的，有理由就暴力的后果一并指责受害者和作恶者。我们对 159 例相互之间没有关联的凶杀案进行了研究，得出的结论是在多数案件中受害者反应过激，继而导致了悲惨的结局。这一研究发现被许多其他研究证实：对受害者和作恶者的描述带有偏见，相对于目击者的描述，受害者容易将情形描述得更糟，而作恶者倾向于描述得更好。极少有作恶者会认为自己的行为是邪恶的。换言之，邪恶几乎不存在于作恶者的自我形象中，只存在于受害者和目击者的眼中。因此，关于这一问题，个人的良心就不再是无可指摘的信息源。作恶者认为，自己的真实动机和受害者控诉作恶者怀有的动机之间经常存在巨大的差异。作恶者常常觉得自己动机本善，因为他将受害者视为“邪恶的”；而受害者判定，作恶者的动机无论如何都是“邪恶的”。

杰克·卡茨（Jack Katz）强调，典型的凶杀案件往往被某个善的概念激发，他排除了肇事逃逸及抢劫杀人等情形。在卡茨引用的诸多案例中，犯罪者都将自己视为善的代表，杀害其认为触犯或违反了善之准则的人，那些人行为不忠、非法侵占他人的个人财产、侮辱他人，等等。杀人犯在作案时总是将自身行为视为正当的，尽管之后他们常常会意识到自己的所作所为是错误的。在暴力解读类型中，有些类型比其他类型更合理，而阿森斯的研究未论及的一点是，仅仅因为错误解读也会导致暴力的发生——有时，犯罪动机会误归于无辜者。暴力动机解读的缺点包括：（1）行为主体将所有表态和姿态理解为都是针对他个人的，而这类情况很罕见；（2）行为主体只关注有利于他解读情境的方面，忽视不利的方面；（3）其特定的解读会进行系统性歪曲，哪怕善良的意愿也会显得险恶。不过，阿森斯的研究让我们看到为何这些误解会产生。答案与作恶者的自我形象有关：这是一个关键因素，它决定某人是否会诉诸暴力。如果的确如此，那他会采取何种程度的暴力举动？拥有非暴力自我形象的个体只会在类型（1）的背景下以暴力还击，而有暴力自我形象的人在阿森斯的四种暴力解读类型的背景下都有可能施暴。总之，自认为有暴力倾向的人更可能决定在既定情境下采取暴力回应的方式，这类人群一般也更容易判定他人有暴力倾向。纵然知己才能知彼，但事实上，自我认知最终会局限于自身。

阿森斯的研究还有一个缺点：它通常会将不同的解读方式看作解读者由衷而发的，所以没有考虑到既定的判断可能纯属借口。有的人偏爱虐待他人，他们的攻击行为没有实用价值：不会产生经济收益，不是出于自卫，也不是针对羞辱，行为本身仅是“让自己享受”。但是，暴力总是需要找借口和理由的，不仅要证实对他人的暴力行为的合理性，也要证实这种行为对自己也是合理的。在街上不小心撞到某人时，多数人会立刻说声抱歉，而对有些人来说，被撞到恰好可以成为回击对方的好借口。朝对方猛打一拳，不是对冒犯的反应，而是作为一种欲望存在的，它所缺少的只是一个令其合理的理由。欲望和行为之间需要一个联结，即让这个行为合理且让对方承担指责的客体。说到这里，我们又再次靠近了之前谈到的施虐概念。

阿伦特与愚昧的邪恶

在讨论这部分之前，我们谈论的是行为主体遵循或违逆其对善恶的感知而行事。工具性的邪恶的行为主体知道何谓邪恶却还有意为之，因为他希望为自己争取好处，无论是获取经济利益还是满足自身的欲望。我也说过，实际上恶魔般的邪恶只是工具性的邪恶的变体；相反，理想主义的作恶者相信他代表的是善，受害者是恶的化身。但是，仍然有行为主体不能为工具性的邪恶或理想主义的邪恶的定义所包纳。这便是汉娜·阿伦特（Hannah Arendt）在 1961 年观看阿道夫·艾希曼（Adolf Eichmann）受审时所感悟到的。她是这么写的：

> 我感到震惊。行为主体身上的那种肤浅让我不可能为其罪行找到更深的根源或动机。他所犯下的罪行骇人听闻，而行为主体——至少是现在正在接受审讯的人——是很普通、很平凡的人，既不像恶魔也不怪异。在他身上，我看不到偏执的意识形态信仰或者特殊的邪恶动机。在他过去的行为、审讯期间的举动，以及审讯前警察的查验中，人们能发现的唯一显著特征是完全消极的：那不是愚昧，而是不顾后果。

> 从艾希曼身上发现的问题是，许多人都像他一样，既不病态也不爱施虐，他们曾经、现在都是非常正常的人。从我们的法律制度和道德判断标准来看，这种常态比所有暴行合在一起都要吓人，因为它暗示……这种新型罪犯……在自己几乎无法察觉或意识到自己作恶的情况下犯罪。

理解艾希曼时会产生一个问题，即在他身上看不到暴力犯罪者身上那种“恶魔”特质。他看上去不疯魔，也没有设想中的那种典型“邪恶”特征——事实上他几乎没有个性。阿伦特发展了其有关“平庸之恶”的概念，试图理解这类没有个性的人。

阿伦特的“平庸之恶”的概念被广泛讨论，但这个观点本身不甚清晰，尚未得到充分的发展。据我所知，在她撰写的有关艾希曼的备受争议的著作中，“平庸之恶”一词只出现了三次，其中一次是在标题里。在《心智生活》(*Life of the Mind*) 第一卷《思》(*Thinking*) 的导言中，阿伦特对这个观点稍加解释，但仍旧含糊不清。阿伦特强调，使用这个概念并非要为有关恶之本性的讨论做出理论贡献，但我认为这意味着这个概念有助于理论发展。结果，有关过去 45 年间发生的邪恶的哲学著作多数都引用了这一概念，而阿伦特的平庸之恶的“理论”仍未得到发展，在此我只好借用其他学术来源来说明，所以本节将不仅仅谈论阿伦特。当然，关于平庸之恶，她从未认为这是邪恶的唯一形式；它只是其中一种而已，事实上，它恰好在现代舞台上占据核心地位。阿伦特还强调，尽管她的出发点仅限于个人，阿道夫・艾希曼，其文本却具有广泛的意义，能帮助人们理解“新型罪犯”。为了描绘一幅更具代表性的图景，我们还可以谈一谈另外两位参与犹太种族大灭绝行动的核心人物：管理奥斯威辛集中营的鲁道夫・霍斯（Rudolf Hoss）和管理索比堡和特雷布林卡的弗朗茨・施坦格尔（Franz Stangl）。艾希曼、霍斯和施坦格尔让我看到三类性格迥异的人，他们在大屠杀中却采用极其相似的方式执行命令，之后找出很多相似的借口。此外，我们在后面还会介绍其他例子，其中较为重要的是参加越战的美军士兵。

邪恶与愚昧

阿伦特的平庸之恶的想法是对概念的世俗化构想，不包含任何超然特质。她的观念被普遍认为是邪恶理论的创新，但也不是说完全没有先例。在苏格拉底和柏拉图看来，人们只能责怪作恶者缺乏做善事的远见；对亚里士多德来说，邪恶的行为主体只是误解了何为善而已。之后涌现的很多思想家都持有类似的观点。弗朗索瓦・德・拉・拉罗什富科（Francois de la Rochefoucauld）认为邪恶与愚昧有关，帕斯卡尔（Pascal）将

“满身缺点而不愿承认”看作一件极其罪恶的事，因为这样会导致刻意欺骗自己的更深的罪恶。波德莱尔也将愚昧与邪恶联系到一起，认为“邪恶可以不需要理由；而知道某人是邪恶的是有好处的；最无可挽回的邪恶包括了以愚昧的方式作恶”。加缪写道：“世间的邪恶总是源于视而不见，良好的意愿如果不基于理解也将会和恶意一样害人不浅。”

平庸之恶的概念并不是“毫无想法”，而是遵循了错误的思考模式或缺少了解的路径。这一概念被贾科莫·莱奥帕尔迪（Giacomo Leopardi）表达得更加明确：

> 他说，疏忽大意和不顾后果会导致无穷的残暴和恶行……他认为，不顾后果的情况比残忍和不人道等情况更加普遍，他也认为，因内心邪恶导致的行为和举动很大程度上可以归咎为不顾后果。

我认为，迪特里希·朋霍费尔（Dietrich Bonhoeffer）在狱中写的信和备忘录可以精彩地诠释这种观点。朋霍费尔在狱中一直待到被处决——在德军投降前因参与暗杀希特勒行动而被处决。他的备忘录里有一段题为“愚昧”的记录，在我读过的有关邪恶的文献里未曾发现它被引用，这一段理应全文引用：

> 愚蠢比邪恶对善的危险更大。人能够反抗邪恶，可以用力地撕下邪恶的面具，在必要时还可以制止邪恶的发生。邪恶总是携带破坏的种子，至少会让人感觉不舒服，

但是我们无法抵御愚蠢。反抗或势力触动不了它；理性论证对它不起作用；反对个人偏见的事实不被信任——蠢人确实可以通过批评他人进行反击，如果对方是不可抗拒的，他就会将其视作微不足道的例外而推置一旁。所以，蠢人与恶棍是不同的，他完全陷入一种自我满足中；事实上，他很容易变成危险人物，不费吹灰之力就能展现出自己好斗的一面。因此，对待蠢人要比对待恶棍更加小心，我们不应再次尝试用理性说服他，那样做是没用的、危险的。

如果我们想适当地对付愚蠢，就必须试着理解它的本性。可以肯定的是，愚蠢，在这里指的是道德方面而非智力方面的缺陷。有些人思维敏捷但行为愚蠢，有些人思维迟钝却表现得很聪慧——在特定情形下的发现令我们感到惊讶。因此，我们对愚蠢产生了一种印象，即它可能不是天生的缺陷，而是在特定情形下形成的。在这种情形下，蠢人会取笑自己，或者允许他人戏弄自己。我们进一步注意到，这一缺陷在喜欢社交或必须社交的个人或群体身上，比在不善交际和孤僻的人身上更为常见。这样看来，愚蠢就属于社会学问题而不是心理学问题了，这是历史条件以一种特定的方式作用于人们身上，即一些确定的外部因素所产生的心理副产品。经过更进一步的观察我们会发现，粗暴地展示政治权力或宗教权力会在大部分人中

> 间激发一系列愚蠢行为。事实上，这看上去的确符合心理学和社会学规律：有些握有权力的人想让其他人变得愚蠢。这不是说某些人能力和智能的发展受到了阻碍或破坏，而是指权力的急剧攀升让世人普遍认为人的独立判断力被剥夺，这或多或少是在无意识情况下发生的，他们不再尝试为了自己评估新的事态。蠢人常常顽固不化这一事实不会误导我们相信他们是独立的。事实上，与蠢人交谈时你会感觉不是在与他这个人互动，而是在与掌控他的口号、标语等发生碰撞。他着魔、盲从，实际上是正在被滥用和剥削。由于变成了被动的工具，蠢人可以犯下任何恶行却看不出其中的邪恶。这里潜伏着残忍剥削的危险，它能对人类制造出不可弥补的伤害。

在有关愚蠢的段落中，朋霍费尔描述了阿伦特在 20 年后将其命名为“平庸之恶”的邪恶。艾希曼是“愚蠢的”——我们在阿伦特对艾希曼的描写中发现了同样一个丧失个人判断和思考能力且怀揣毫无个人感情的承诺和计划的形象。当然，朋霍费尔在邪恶和愚蠢之间进行了区分。基于将邪恶视为“恶魔般的”传统理解之上，他强调蠢人也会做出邪恶的举动。此外，朋霍费尔看上去认为邪恶行为主体属于外部环境的受害者类型，这一点与阿伦特的观点不完全一致。阿伦特写的是“不顾后果”，将其与“愚昧”分开，而朋霍费尔的“愚蠢”与阿伦特的“不顾后果”同义。我要指出的是在这本书里我会交替使用

“愚昧”和“不顾后果”，并强调“愚昧”在我看来不是指缺少智慧，而是指缺乏判断。

根本恶与平庸之恶

阿伦特的平庸之恶的概念延续了《极权主义的起源》（*The Origin of Totalitarianism*）中根本恶的概念。有关根本恶，她与康德的根本恶看法不同。康德将根本恶视为唯人类所有，而阿伦特认为它是对一切人道、个性的毁灭，并且同时存在于受害者和作恶者身上。在阿伦特看来，极权主义社会的特征是，所有个体对社会来说已经显得多余，每个人既可以是受害者又可以同时是施害者。在这种社会里，个体独特性是微不足道的，每个人都可以为了社会牺牲生命。极权主义最终促成了“人性自身彻底的转变”。

让个体显得多余的过程需要经历三个阶段。第一阶段，个体作为法人被排斥，即个人或团体被单独挑出来，其公民权利被剥夺。第二阶段，个体作为道德人受到排挤，因为个人良知被质疑会消减团结关系。第三阶段，所有个体独特性被彻底根除。这种非人性化过程就是阿伦特所谓的根本恶，她认为此时“人性岌岌可危”。阿伦特的根本恶与相应的传统理论存在很大的差异，即这种根本恶不能通过人的动机，如贪婪、私欲和野心等来进行解释。

相反，受害者是根据始终如一的任意性被挑选出来的。在极权主义社会中，个人不再遵从自己的理性或良知，而是听从国家的号召。区分善恶不再关乎个人的良知，而是属于国家事务。然而，阿伦特进一步认为，不顾后果不仅存在于极权主义社会，它也是美国军事顾问的特点，越南战争就是一个这样的例子。因此，她的思考比单纯讨论极权主义社会更有意义。她强调，在极权政府被推翻时那些让极权主义成为可能的现代性方面不会轻易消失。现代性中去个性的方面会导致政治和道德的分裂，还容易让公众对政治持冷漠的态度；一旦出现这类情况，个人责任感和批判性思维就会受到威胁，必须重新树立。

我们很难指明根本恶和平庸之恶之间的确切关系，据我所知，阿伦特在书中没有系统地讨论这一点。在具体的语境中，“平庸”不是指“平常的”或“广泛存在的”，即便平庸之恶在某些情形下具有广泛的影响力。我们称许多邪恶是平庸的，是指它们是浅薄的。而当阿伦特描写平庸之恶时，我不认为她是在尝试描述与她早先描述为根本恶的事物有任何显著差异的事物。的确，根本的概念对她最初想描述的现象来说会产生误导。我曾经提到英语的“radical”（根本）一词源自拉丁语的“radix”（根基）。我们说邪恶有其根基，意思是说它有深度——阿伦特难道不想给缺乏深度的事物赋予特点吗？这就解释了她为何如此在乎艾希曼反复老调重弹这一事实。陈词滥调是肤浅的，依赖它的人不会给我们留下“很有深度”的印象。因此，阿伦特写道，极权主义灌输知识的目的不是为了创造绝对的信念，而是要破坏形成信念的能力，即破坏人们深度思考的能力。在这种语境下，我们也可以说接受灌输的人失去了行动能力，至少是阿伦特所理解的那种行动概念。她将行动能力定义为“重新开始”的能力。从这个角度看，她的行动概念非常接近康德将自由视为自发行为的观点。如此一来，我们就可以将平庸之恶描述为根本恶的延展；根本恶与系统更相关，而平庸之恶与个体行为主体的关联更大。我们也许会说，阿伦特的“根本恶”是有关政治缺席的政治概念，而“平庸之恶”是有关道德缺席的道德概念。平庸不是用来描述行为的，而是用来描述动机的。问题是，当我们谈论犯罪时通常设想存在一个邪恶的意志和明确的犯罪意图，然而很难证明艾希曼曾有邪恶的意志。同样地，我们也无法证明霍斯和施坦格尔——奥斯威辛和特雷布林卡的指挥官——产生过这种意志。

艾希曼、霍斯和施坦格尔

在谈论艾希曼时，我将以阿伦特论文中有关他的例子——从《艾希曼在耶路撒冷》(*Eichmann in Jerusalem*)中收集的——作为出发点，并参考以色列警察对他的审讯记录。我没有用阿伦特书中所写的司法内容，例如有关法律追溯力的问题，而是更加关心作为个体的艾希曼。

精神科医生断定艾希曼的精神完全正常。他称艾希曼有理由证明自己不可能杀人，如果强迫他亲自指挥一座集中营，他可能会为此自杀。艾希曼抱怨道，德军士兵因被迫残杀犹太人而彻底毁了自己——尽管犹太人没有从一开始就遭到这种迫害。他说自己的精神承受力“不够强大”，不忍心目睹犹太人所遭遇的一切，他坚持认为奥斯威辛的指挥官向他这个普通的官方人员如此直白、残忍地描述他们在集中营的所作所为，简直令他无法忍受。他反复强调自己没有加入杀人计划，只是参与了流放犹太人的行动。我们尚不清楚他究竟是如何看待责任感这一问题的。一方面，他承认，从纯粹司法的角度看理应感到内疚，却没有详细谈论道德责任的问题；另一方面，他拒绝担负一切责任，觉得自己只是服从命令罢了。然而，从另一个角度看，正因为他的遵命行事，又证明了他自己是负有责任的。我们可以理解的是，责任感问题对艾希曼而言并不单纯。他面对两种相互对立的义务：遵命的义务和违命的义务。艾希曼选择履行错误命令的义务，通过服从命令，他完成了官僚主义者的使命，这一点与马克斯·韦伯的描述一致：“认真执行任务让他感到荣幸，仿佛这个任务与他的自我信念保持一致。”艾希曼说，他的行动不涉及“个人的决定”，只是执行来自上级的命令。他看上去永远不会试着改变自身立场；相反，他确信唯一可能的选择是执行命令。根据韦伯的观察，“官僚主义者自己是无法跳出束缚他的机制的。”官僚主义者不为个人利益去完成使命，这会令人产生一种错觉，即认为个人道德不是行动时所需考虑的因素。勿让个人利益干扰工作，是指个人不应当利用职务之便去发展自身利益；这个要求并没有排除每个行为主体对其所做的一切承担个人责任，无论他的职责是什么。作为个体的人可能会产生不同于履行公职时所具有的那种道德观。无论如何，个人责任是绝对不会失效的。

艾希曼利用康德的道德哲学来解释自己为何如此，并坚持认为他将康德的绝对律令视作自己的道德规范。即便按照艾希曼自己的话来理解，他看上去也不是康德道德哲学的出色代表。我们知道康德的伦理学是基于自律原则之上的，而在艾希曼的阐述中，它却完全变成了他律的。在他看来，道德律不是来自个体行为主体的理性思维，而是来自希特勒下达的命令。严格意义上的他律型伦理学完全不是康德式伦理学，它由个体行为主体外部的道德律组成，可以是另一个人、另一个机构，或者上帝。康德在其法哲学中讨论过，一个人有绝对义务去遵守国家法律，而这一构想还要求此法律是建立在道德原则之上的，第三帝国的法律显然并非如此。康德明确写道，个人不应该听命于明显邪恶的指挥。艾希曼明白犹太种族大灭绝是邪恶的，因为他承认当获知这一针对犹太人问题的计划时，内心经受了痛苦的挣扎。不久，他便不再担忧，因为他克服了这种心理，也就是说，他认为不是他亲手将犹太人推进毒气室的。

在法庭的最后陈词中，艾希曼坚持认为自己不是怪兽，而是现实中的一名受害者。他在这一点上的推论仍然不甚清晰。他采用的是“谬误推理法”，我们得出的结论是，他要为自己没有直接参与的罪行，即具体地残杀犹太人而受到谴责。这遵循了他在警察审讯期间，以及之后在法庭交叉审问时所采取的方法：他承认自己在流放犹太人的过程中起到了关键作用，却否认自己亲手杀害过任何人。在审讯期间，当目击者（法庭认为他不可信）发誓说看到艾希曼因为某个小小的刺激而将一名犹太人打死时，他显得惴惴不安。艾希曼由衷地相信自己遭到了不公的控告，他被误以为参加的行动其实离他很远，他并未直接参与其中。

艾希曼将自己描述成一名理想主义者基本上是正确的。他是理想主义的且不顾后果的。他无条件地执行希特勒的命令是理想主义的表现，而他没有反省“清除犹太人是错误的”这一事实则是不顾后果的表现。理想主义和愚昧是一枚硬币的两面。他说：“我会不假思索地服从指令。”由于很多地位显赫的人士都赞同“对犹太问题的处理方案”，艾希曼认为这种方案必然是正确的，因此便不再对这一主题发表个人意见，他接着说：“我的愧疚感全都消失了。”

阿伦特表示，艾希曼“从来没有意识到他自己在做什么”。这句论断耳熟能详——我们不清楚自己所做的事。不过，这句话令阿伦特的立场值得怀疑。一方面，她认为艾希曼不知道自己在做什么；另一方面，当艾希曼被处决时，她又表示支持。反之，我相信艾希曼在很大程度上能够意识到自己在做什么，但对其他事情的考虑，比如个人事业和对领袖的仰视阻碍了他的判断。我对阿伦特的反对不在于她对艾希曼的描写是错误的，相反，我相信她揭示了根本问题，只是过于片面而已。当然，阿伦特没有像奇格蒙特·鲍曼（Zygmunt Bauman）那样将艾希曼降级到完全去个性化的官僚主义者。阿伦特将艾希曼作为一个个体关注，不论他身上有多少独特的个性。而鲍曼认为艾希曼不过是轮子上的一颗被动的轮齿。缺乏个性是阿伦特关注的重点，而鲍曼几乎没有提到这个问题。阿伦特哲学的基本成分是，个人通过行动和言语透露出自己属于哪一类人和哪种个性。个性类型正是艾希曼从未展现出来的。狭义上看，他没有付诸行动，只是遵照命令办事；他没有说话，只是开口说了一通陈词滥调。他甚至承认自己知道的唯一语言就是“公务语”。公务语是一种去个性化的语言，充满套话和口号。当公职人员不得不自己思考发言内容时，公务语能够让他们免遭不便。个体不需要进行反思，一切满足于肤浅、标准的套话。所有细枝末节（包括个人及其遭遇）都会遁形于这类公式中。

然而，当阿伦特说艾希曼没有动机时，她忽视了一些基本方面，即艾希曼对自己的事业野心勃勃，他本质上是一名希特勒主义者。他在被处决前做的最后一件事是向德国、阿根廷和奥地利致敬。阿伦特提及这一点是想给艾希曼惯用陈词滥调这件事举一个例子，但是我相信，这个评断肯定了对艾希曼很重要的部分：他自己描述的理想主义。艾希曼不仅是一名普通的官僚主义者，而且是一名普通的狂热分子。从这个意义上讲，他的邪恶显得不再如阿伦特希望我们相信的那般平庸；除了“愚昧的”邪恶外，我们在艾希曼身上也看到了理想主义的邪恶。在这两种情形下，艾希曼的邪恶必定是无私之恶——即便他无疑受到了自私动机的驱使。这么看，阿伦特对艾希曼的“平庸”描画得似乎过于狭隘。尽管艾希曼个人观点中没有多少反犹太主义的内容，但他却有着强烈的意识形态倾向，即他对“元首”（特指希特勒）和“祖国”（特指德国）的信仰。

类似的理想主义也出现在鲁道夫·霍斯身上，他是奥斯威辛这座最大的集中营的指挥官。他自称是“极端的国家社会主义者”，自诩为反犹太主义者。战争结束后一年，他宣称大屠杀是错误的，不是因为它很邪恶或不道德，而是德国因大屠杀让自己成了世界宣泄愤怒的靶子——事实上，这令犹太人更接近实现他们占据世界主导地位的目标！

战争结束后不久，当读到霍斯在狱中写的自传（一篇无助却精彩的散文）时，读者会惊讶地发现他与艾希曼竟有这么多相似点。霍斯显然不及艾希曼那般聪明，但是谈到愚昧——是在“不顾后果”的背景下理解的——他们似乎旗鼓相当。霍斯在写自传时似乎不太清楚自己做过什么。尽管很多叙述都是以“现在，我明白了……”开始，读者却很清楚霍斯其实并没有明白。就其本身而言，霍斯比艾希曼留下了更多匪夷所思的谜团。普里莫·莱维在介绍霍斯的自传时写道，这名“指挥官”不是怪物，可是他的自传里“满载恶意”。霍斯声称自己和以折磨囚犯为乐的党卫军士兵不同。他这么说没错，但也流露出他没有明白自身职责的想法：他将这些士兵描述成恶贯满盈的恶人，可是这样说忽视了他自身的罪过。就像通常情况一样，他只觉得他人是“邪恶的”，却不想想自己（也是邪恶的）。他批评这些士兵没有将囚犯当人对待，这也是他自己的问题——否则他当时就不会去执行命令了。他声称自己“过分体恤”囚犯而且有“弱点”，但他的“体恤”和“弱点”从未给囚犯带来任何好处。他记录下来的这类情绪确实很难令人采信。如果霍斯是在对奥斯威辛暴行负有最终责任且保持忽视态度时，又承认他看到了囚犯身上的人性，那么他确实堪比一只怪物。而我认为实际情况并非如此。

甚至在艾希曼宣称自己遵照康德的绝对律令时，霍斯仍将重点放在“自己是道德人，并且尽最大的努力保持道德上的差别”这一事实——例如，杀死犹太人完全可以，但是士兵偷犹太人的东西是万万不行的。这个道德概念并非霍斯自创，而是出自希姆莱（Himmler）——他认为灭绝犹太人是道德律令，不是为了谋取私利。霍斯也不赞同暴力行径，如强奸和“非必要的”残忍暴行，在实践希姆莱的至高无上的道德律令时偶尔会犯下这些罪行。霍斯强调自己从不虐待囚犯，即他从来不亲手鞭打囚犯，从不自己拔出枪射杀他们，未曾亲手将毒气罐里的毒气全倒进毒气室。然而，他却是历史上最大的一座集中营的指挥官，并且完全能够意识到集中营的作用。集中营的一切事务需要他最后的批准。霍斯绝不是行事被动的人——事实上，他在履行职务时表现得积极主动。他有许多改善囚犯生活条件的机会，而他优先选择的是尽可能地建立一座“最富有成效的”集中营。他甚至还批评囚犯相互之间的不道德行为，却没有考虑他应该对强迫囚犯生活在几乎不可能保持道德体面的环境负责。当然，不论在囚犯中间，还是在集中营看守中间，总有比较善良和比较恶毒的人；囚犯和看守都不会来自由同样道德品性的个体所组成的整齐划一的群体。虽然很多例子谈到一些囚犯被监禁在纳粹集中营时仍然保持着道德体面，但事实上，道德在那里并不是首要考虑因素，一切道德考量在如此极端的环境下被搁置一旁。同样地，一些囚犯会粗暴地对待其他囚犯，行为的恶劣程度更甚于看守。需要记住的一点是，某人是受害者不代表他一定是个好人——但是同样无可非议的是，霍斯无权评判囚犯们的行为。当他详细叙述自己因政治杀人罪在狱中待过的那六年光阴时，他对狱友产生了强烈的身份认同，与他们一同控诉监狱看守对其施加的暴行。然而，他却从未将自己的狱中生活和在奥斯威辛度过的那段日子进行清晰的区分，因为他仍然无法以一名囚犯的视角看待集中营。

霍斯的自传中有很大篇幅都是在描述他管理集中营时的怨气：资源有限、缺少合格的劳动力、长官下达的命令混乱且令人困惑。总之，任何官僚主义者都会发这类牢骚。霍斯丝毫没有评价整个行动所导致的道德问题。事实上，他表示自己沉迷于尽可能地让奥斯威辛提高效率的任务。他觉得有必要做一名谨遵要求行事的人。在这一点上霍斯与艾希曼相似，但是与艾希曼不同的是，霍斯将自己与其党羽一视同仁，称他不会让他们做他不愿去做的事情。他相信，用毒气毒死犹太人比用手枪打死他们更有助于提升士气，因为后一种方式会激起党卫军士兵的强烈反应，尤其是在处决女性和儿童时。与艾希曼一样，霍斯也很关心他的德国士兵，却从来不考虑他们管理的那些痛苦的囚犯所处的境况。概括地说，他主张只做他自己希望士兵去做的事，即遵从领袖的命令。他必须为其党羽树立一个良好的榜样，且不能表露出任何软弱。霍斯自传里有这样一段令人发指的内容：

> 当他（指希姆莱）在1941年的夏天亲自命令我去准备一处实施大屠杀的地方，然后执行这项任务时，我从不敢想象此次行动的规模，或者它将产生什么结果。当然，

> 这个命令非同寻常，简直骇人听闻。然而，大屠杀命令背后的逻辑在我看来似乎是正确的。当时，我没有多想。我接到了指令就必须立刻执行。我来不及思考大规模屠杀犹太人是否必要。当时，这件事并不在我的考虑范围之内。

这段内容说的是平庸之恶的极端状态：纯粹的不顾后果，甚至不愿意思考片刻。霍斯承认这个命令很“恶毒”却依旧去执行，就因为命令必须被遵守。

当我们谈到弗朗茨·施坦格尔这名索比堡和特雷布林卡的指挥官时，我们会看到另一种人格类型，或者更确切地说，我们见到了一个真正有个性的人。霍斯看起来像个情感发育不全的军事实习生，大脑中没有属于自己的想法，艾希曼则像一个地狱官僚主义者，而相比之下，施坦格尔谈吐文雅，有时甚至颇具魅力。1970年，对施坦格尔的审讯结束之后，基塔·瑟伦利（Gitta Sereny）对在狱中的施坦格尔进行了一系列专访。文中接下来的评论基于瑟伦利的著作《进入那片黑暗》（*Into that Darkness*）。施坦格尔像霍斯和艾希曼那样，起初陈述了标准的借口，比如他从未亲手伤害其他人，但是从采访中的某些方面看，他似乎先是表现出不顾后果的一面……然后才给采访者留下“当时不知道自己做了什么”的印象。就像他总是在快要质疑自己行动的时候闪烁其词那样。他承认自己应当感到愧疚，但似乎没把握好令其有愧之事的程度。只有当某人明白需要为什么内疚时，承认有愧才是有效的；但是，特雷布林卡的杀戮范围如此广泛——波及成千上万人，仅死亡人数大概就有 100 多万——任何一个人都很难对灾难的整体规模有全面的把握。施坦格尔自己认罪并心有愧疚是远远不够的。即便他没有试图隐藏实际发生的事，但很显然，他也不清楚自己应该为此负多大的责任。这里的悖论是，斯坦格尔承认自己心有愧疚，却又断言自己的良心是清白的。

施坦格尔回想当他第一次来到特雷布林卡时，感觉眼前的场景完全是但丁（Dante）的《地狱》（*Inferno*）的情景再现。但是，他仍然决定留在那里，他不否认自己其实是想借此扮演魔鬼的角色。然而，这里又出现了一个悖论：一方面施坦格尔自由地（有些不情愿）选择扮演魔鬼，而另一方面却没有表现出任何魔鬼的品性。他不像是一个以折磨他人为乐的人，虽然不可否认，他怀着极大的热忱投入工作。但是，他的热情不是由憎恶犹太人激发的，只是被强烈的职业道德鼓舞。这种职业道德优先于其他道德考量。

特雷布林卡不是集中营，而是当时最大的一座灭绝营。人们常常分辨不清灭绝营和集中营的差别：集中营是极端的劳教营，比希特勒给战俘修建的无数纯劳动营更加惨无人寰。起初，集中营是收纳奴工的机构，但是存续时间愈久，生活条件就会愈差。同时应该强调的是，即便囚犯们在集中营里被毒气毒死、被射杀、饿死、累死、参与医学实验等，但集中营仍然能让他们活上一阵子。甚至在后来，作为灭绝营的奥斯威辛集中营有五分之一的犹太人存活了下来（95 万名犹太人被送至奥斯威辛，其中近 80 万人被杀害），非犹太人的存活率更高一些。相比之下，在波兰的五座灭绝营中只有 87 人活命，而且其中没有小孩——据统计，死于波兰灭绝营的人数最后共计约 200 万人。大部分处决都是由弗朗茨·施坦格尔下令执行的。

受害者整体受到了非人性的对待。他们像家畜那样被赶上开往特雷布林卡的拥挤的轨道车，车厢内没有厕所，一路上也没有食物和水。到了特雷布林卡后，先按照男人、女人和小孩被分成三组，他们被强令脱去衣服，接受体腔检查——士兵们搜查他们身上是否藏有贵重物品——然后，他们的体毛被剃除，最后被推进毒气室。据斯坦格尔所说，这样羞辱囚犯的目的是极大地剥夺他们的人性，那样士兵就能够执行处决令了。去人性化的过程对施坦格尔本人也产生了影响：犹太人在他眼中不再像人类，而是“货物”和“一堆腐烂的肉”。他会避免与那些被判处死刑的人交谈，也许那样，他们就不再被视为不可侵犯的同类了。

施坦格尔如何下得了手？他反复说自己是被迫执行命令的，那样做是为了自保。这是借口，没有哪个德国士兵因为不愿参加大灭绝而被处死。施坦格尔说他宁可自杀也不该执行这项任务，我们当然应该毫不客气地指明他应当果断拒绝执行。他声称，从最先听闻大灭绝计划的那一刻起，他就明白这样对待犹太人等于犯罪，但他没有拒绝或主动反对这个罪行，而是请求调离职位以便让自己心安，但这个请求随后遭到了回绝。于是，他只好选择加入计划。他多次尝试为自己的行为辩解，例如，他认为自己作为警校的一名年轻学生是知道构成犯罪的四个要素的，即犯罪主体、犯罪客体、犯罪行为以及犯罪意图。他声称自己不对任何犯罪内疚，因为第四个要素永远都不会得到满足，这么说可能是因为他从未真正妒恨过犹太人。但是，他显然很清楚自己心中有愧，他是实施大灭绝的共犯。当时，他试图“凭良心把行动纳入责任范围”。也就是说，他把思想从行动中抽离出来，这样，每个行动似乎都可以被证明是合理的——主要目的是为了免除因为自己一窥全貌而必须承担的责任。

如上所述，施坦格尔不是反犹太主义者，他深深鄙视囚犯，不是因为他们的“种族”，而是因为他们身上的弱点：

> 这与憎恨无关。他们太过软弱，任由一切发生，逆来顺受。我与他们没有共同点，不可能进行沟通，于是，我便对他们产生了蔑视之情。我永远无法理解他们怎么就那样屈服了。最近，我刚读完一本有关旅鼠的书，其中介绍了旅鼠每隔五六年就会集体跳入海里被淹死，这个故事让

我想到了特雷布林卡。

这段话是施坦格尔在 1971 年说的，即特雷布林卡被摧毁后的第 27 年。难以置信，他过了这么多年居然还记得这些。至于施坦格尔说自己无法与囚犯沟通，其实他当初只要跟他们聊几句就能证明自己想错了。如我之前所述，施坦格尔刻意避之不谈的正是这些见解。哈拉尔德·奥夫斯塔（Harald Ofstad）曾经暗示，“对软弱的鄙视”是我们理解纳粹主义的关键，施坦格尔的例子清楚地证实了这一点。从希特勒的立场看，犹太人不值得怜悯：“我们绝不同情注定要消失的人。”这句话背后的逻辑是命运让犹太人变得软弱，这样下去他们终会走向灭亡；因为他们是软弱的，对其实施大灭绝完全合理。弱者不能享有生命权——我们必须消除软弱，因此也必须消灭弱者。

显然，任职年限越长，施坦格尔就越腐化，就越发不明白自己其实是极大之恶的主使。没过多久他就习惯了，他也是这么说的。施坦格尔几乎没有注意到自己的个性发生了改变，从最初不敢拒绝参与大屠杀到后来丧失良知。在这里，习惯性是主导因素。每个人都有许多自己不知道的习惯，只是没有意识到它们而已。他们还会为自己意识到的事物设置某种“背景”，习惯决定了人们在既定情况下需要什么。从这个角度可以说是习惯创造了认知的可能，可它也限制了我们的理解能力，让我们将许多现象视为无关紧要的从而被抛弃的东西。于是，习惯就变成一种盲从，在施坦格尔的例子中，习惯显然导致了道德沦丧。

从艾希曼、霍斯和施坦格尔的“自白”中可以发现惊人的一面：这三个人都强烈地以自我为中心，他们似乎从未考虑过受害者的感受。他们投身工作表明其相信奴工是有价值的，但我们不禁要问，在这种残暴的事业中，他们能找到什么价值？对希特勒来说，纳粹净化种族就是“最神圣的使命”，他这么说是想让大灭绝合法化。然而，种族屠杀负责人中极少有人用这种观点来为自己的行为辩解。仅就霍斯的例子来看，其主要动机是反犹太主义，但这不能算是最重要的动机。这三个人一定满怀野心（施坦格尔比其他两个人的野心略小一些），但他们的野心却有巨大的差异，每一项实际任务都在他们野心的驱使下被高效执行。这三个人都誓死效忠希特勒——施坦格尔略有保留——他们可被看作理想主义者。我们同样能看清的是，艾希曼和霍斯不仅遵从命令，而且积极地支持计划。这三个人的共同点是，他们都缺少对自我责任的基本意识，尽管施坦格尔表现出一丝觉悟。希姆莱认为党卫军士兵对自己的行为没有责任，所有责任都由他和希特勒承担，但个人责任不会就这样轻易地转嫁于他人。

即便如此，所有德军士兵被要求向希特勒本人而不是向德国宪法发誓效忠，这等同于他们会接受希特勒下达的所有命令和法令。元首原则规定，个人没有权利质疑某项命令的合法性；因为该命令出自希特勒，所以是合法的。从本质上讲，一道命令不太可能与更高的行为标准相悖，因为没有什么行为准则比领袖的意志更高。在《我的奋斗》（*Mein Kampf*）中，我们发现个人不仅必须为了整体利益而舍弃自身利益，而且他们也不能发表“个人观点”。为自己着想是一种背叛。从司法角度看，遵命是唯一合法的行为。但是，正如爱默生所说：“好人必然不会过分遵从法律。”拒绝遵命会加速破坏法律。一条命令是否有权威性有赖于这条命令是否被遵守，而有争议的一点是，拒绝遵命的人是否也否认命令的合法性。因此，拒绝服从命令就成了潜在的有力武器。如果一条命令需要反复被强调，说明它已经失去了部分效力。艾希曼、霍斯和施坦格尔似乎相信服从命令只是道德合理的行为。艾希曼的评论尤其说明了这一点。我们可以假设，在这三个人身上除了有对元首的信仰以外，还有道德良知。他们听到大灭绝计划后立刻出现的反应揭示了这一事实。但是考虑到其他方面，他们的道德洞见与道德良知一起被抛弃了。

这三个人在生活的其他方面都有正常的道德良知。罗伯特·李夫顿（Robert Lifton）指出了这种“双重”现象：人有两个差异明显的自我，其中一个在营内，一个在营外。这个观点似乎较为合理，因为施坦格尔和霍斯在集中营外都有正常的家庭生活。然而我认为，每个人只有一个自我，这个自我以不同的方式系统地解释了营内和营外的所有行动，这样说是不是令人信服?

普通人与极端的邪恶

最可怖的行动可以由专注于解决实际问题的人实施，他们没有任何施虐的动机。艾希曼、霍斯和施坦格尔的典型例子说明了这一点。这里需要重申的是，我先前提到愚昧不是指缺少智慧。例如，参加万湖会议的14个人中有7个人是法律界人士，东方暗杀小组的15名领袖中有6个人拥有博士学位，还有那些拿囚犯做实验的医生呢?看似这些行动是发生在不适用善恶观念的道德真空里。

这种道德真空是在去人性化的过程中被有意创造出来的。通过给囚犯剃毛、让他们挨饿等手段使其个性消磨殆尽，变成相互之间无差别的群体。在奥斯威辛发现的匿名日记上写着:“我们不再是人，也没有变成动物;我们只是德国制造的一种奇特的精神物质产品。”集中营会设置种种障碍以防犯人自杀。这似乎令人不解，因为让囚犯死亡是集中营的目标，但是自杀是有问题的，因为它假设了个体有主观性。自杀强化了受害者有人的价值这一想法，从而威胁到想将囚犯描述为非人的意图。然而，纳粹干脆宣称犹太人不属于人类，以便士兵执行大规模屠杀计划。这样一来，强迫犹太人陷进自己排出的污秽物就是可行的——在贝尔根－贝尔森集中营（Bergen-Belsen），三万名妇女共用一间厕所就是为了证明犹太人本身就是污秽的，但这样还是有可能让他们再次看起来像人。纳粹必须以各种可能的方式泯灭人性。事实上，贝雷尔·兰认为，去人性化过程——犹太人被杀害之前遭受的虐待——基本上表明犹太人是被纳粹视为人类的。结果，兰将纳粹视为有意识的恶势力，因为他们基本上是在有意犯罪。他甚至进一步断言，因为纳粹是邪恶的，所以他们才犯下了这等恶行。结果，他视纳粹为恶魔般的邪恶之类的极端行为主体，但是，正如我们所见，这项控告不适用于绝大多数的作恶者。

在《希特勒的衷心刽子手》（*Hitler's Willing Executioners*）中，丹尼尔·戈德哈根（Daniel Goldhagen）批评阿伦特将纳粹统一看成对犹太人保持情感中立的集体。然而，阿伦特并非想为大灭绝的每名参与者声辩，而只是为其中一部分人说情，她相信参与大灭绝的行为主体代表了不同形式的邪恶。另一方面，戈德哈根认为所有行为主体都是同质的。的确，在他看来，核心要素是——行为主体都是德国人。诺曼·G.芬克尔斯坦（Norman G.Finkelstein）和贝蒂娜·比尔恩（Bettina Birn）却指出，戈德哈根一方面强调德国人的反犹主义，一方面又强调个人责任，这两者必定产生矛盾。戈德哈根未曾澄清两部分之间的关系。他对德国人反犹主义的描述不够充分且包含偏见，最终可以说完全遭到了芬克尔斯坦和比尔恩的驳斥。据文献记载，多数德国人是没有纳粹反犹主义观念的，甚至在战争期间也没有。即便在纳粹掌权后反犹主义气焰嚣张，它也并未在多数德国平民身上留下明显的痕迹，例如，“水晶之夜”（kristallnacht）的暴发就不一定被视为由普通德国民众推波助澜的后果。下面这段内容节选自一份有关“水晶之夜”的纳粹官方报告。

> 众所周知，今天德国的反犹主义基本上仍限于（纳粹）党及其组织，有相当一部分人丝毫没能理解反犹主义，他们无法感同身受。
>
> 水晶之夜事件发生以后，这些人立刻冲向犹太人的生意……这很大程度上是因为我们的确是反犹太者，德国是反犹太人的国家。但是，从国家生活和人民的方面看，反犹主义的好处难以言表……德国人中间仍然有一群庸民在谈论可怜的犹太人，不理解德国人为何会产生反犹太的态度，这群人抓住一切机会为犹太人说情。反犹主义不能仅仅存在于领袖和纳粹党那里。

普通德国人不赞成对犹太人实施暴力，但很少对犹太公民权加以限制提出抗议。当犹太人受到特定的排挤，财产被没收时，大部分德国人会表示支持。德国人整体上对犹太人漠不关心，道德冷漠，没有憎恶。戈德哈根在书里进行了广义的概括，例如，他说："每个德国人都是审判者、法官和行刑者。"他由此将德国人妖魔化，继续渲染独特的"德国残酷文化""德国大众的暴力倾向"，认为德国人"大多数都是凶残的"等。同时，戈德哈根没有找到证据证明德国文化是促发大灭绝的极端残忍的文化。戈德哈根紧接着遇到的一个难题是，他强调德国特有的文化能够形成每个行为主体的观念，这与他力求让个人责任成为大屠杀研究的决定因素的目标形成了对立。如果行为主体只是文化的产物，就无须讨论个人责任了。这样看来，戈德哈根的解释完全属于单一归因，即使他本意并非如此。他讨论的一切都与具体的德国人、反犹主义的具体极端形式有关。结果，集体愧疚代替了个人责任。确实，通过概览戈德哈根对德国的描述，我们不禁思考纳粹党在最后一轮选举中为何没有获得全票，而只得到了 33% 的支持率。然而关于这一点，只有詹姆斯 · M. 格拉斯（James M. Glass）等人支持戈德哈根。格拉斯同样以单一归因的方法解释了大屠杀，认为它是由反犹主义文化导致的，这种文化被科学，或者说被伪科学证实，继而扩散到德国大众之中。格拉斯像戈德哈根那样认为德国人期待犹太种族被消灭。

这场讨论的关键点是，与戈德哈根的看法相反，普通德国人看似并不了解大灭绝的全貌。另一方面，劳改营星罗棋布，难以想象德国民众无法意识到它们的存在。需要记住的是，劳改营、集中营和灭绝营之间有巨大的差异。劳改营有一万多座，其中大多数在东欧，普通民众肯定有所耳闻，因为有 645 座劳改营分布在柏林及其周边地区。如果普通德国人了解劳改营，他们就会觉得集中营的情况更糟，而知道劳改营围墙后面发生过什么的人少之又少……进一步看，灭绝营是戒备森严的秘密场所：全部设在波兰，存续的时间短暂。其中，系统的毒气实验始于 1942 年的春夏季，多数持续不到一年半。因此，基本上不用怀疑，德国民众根本不知道这些营地的存在。戈德哈根和格拉斯没有做上述区分，只是假设普通德国人必然了解所有集中营，但是这种推论是站不住脚的。

在《我们知道的事：恐怖、大屠杀和纳粹德国的日常生活》（*What We Know: Terror, Mass Murder, and Everyday Life in Nazi Germany*）中，埃里克·约翰逊（Eric Johnson）和卡尔-海因茨·雷乌班德（Karl-Heinz Reuband）试着确定有多少德国民众了解集中营。他们计算了问卷的数量，这些问卷发给了之前生活在“希特勒统治下的德国”的普通德国人和犹太人。调查显示，从 1942 年中开始，大灭绝就开始被大众知晓；据约翰逊和雷乌班德的估计，当时大约有三分之一的人知道大灭绝正在进行。然而，由于他们在调查中没有区分劳改营、集中营和灭绝营，很难确定了解实情的人究竟有多少。也就是说，在现在意识到大灭绝的人当中，有多少人当时能意识到这一点？

无论如何，普通德国人对国家大事不做过多回应，主要是因为他们的冷漠和只为自己考虑，而不是因为他们仇恨犹太人。当国家陷入危机，置身其中的人更愿意关心的是他们自己。我们必须记住，德国在两次世界大战之间遭遇了萧条、通胀、失业，暴力及其他犯罪数量也显著增加。多数人遵循埃尔文·斯托布（Ervin Staub）所谓的“快乐主义微积分”（hedonistic calculus）原则——人们将自身正常、实际的幸福程度与相信自己应该拥有的幸福程度做比较，然后用这个方程式的结论估计自己在多大程度上愿意帮助他人。如果自身的幸福感没有达标，就不太可能去帮助他人，即便他人的幸福程度比自己低。当人们相信自己足够幸福或非常幸福时，帮助他人会变得非常合理。当然，情况并非总是如此，极强的道德考量经常能够克服个人对自身幸福的担忧。但是从“快乐主义微积分”上很容易看出，在两次大战之间，德国民众可能发现自己的问题比犹太人的更紧迫。

戈茨·阿利（Götz Aly）在其有争议的研究《希特勒的受益者》（*Hitler's Beneficiaries*）中对这一主题进行了思考。他设想，只有将第三帝国视作现代最大的一个“战利国”才能够理解它。他认为，95% 的德国人从“洗劫犹太人”和被占领国那里受益，这解释了德国政府为何会支持第三帝国。因此，德国民众可以被视为侵犯犹太人的参与者，因为他们想维持良好的生活水平。然而，阿利引用的许多数字必须要更正。例如，不太可能有占德国总人口 95% 的德国人在希特勒统治时期享受到经济福利。就算总人口减去犹太人、精神和身体残疾者以及政敌等的人数，比例也不太可能达到 95%。确切的百分数不是最关键的，需要说明的是多数德国人从当时正在发生的事件中受益。

对犹太人洗劫，强迫其劳役，更不用说对其他占领国的商业成果的掠夺——这些都与德国货币通胀一起改善了普通德国人的生活水平。总之，阿利认为希特勒政府改善了经济状况，所以得到了多数德国人的拥戴。人们可能会说是政府用社会福利“贿赂”了民众。于是，阿利将 1933—1945 年间的德国描述为“温顺的专政”，即散发“社会温情”的“善解人意的专政”。国家社会主义的社会政治无疑包含了一系列吸引人的特征：即便需要广泛重整军备，税费也不会提高，因为被占领国也要为占领它们的行动负担经费；普通人比富人少缴很多税；政府引入家庭津贴计划，新婚夫妇可以领到大笔贷款；养老金急剧增长，相应人群都有健康保险。阿利否认是希特勒创造了德国社会国家，但是从根本上发展了它。如此看来，希特勒的确像人民的领袖。

上述景象与我们称之为“极权主义”学派的形象形成了鲜明对比，这一学派无疑是冷战的产物，尤其在汉娜·阿伦特的

《极权主义的起源》(*The Origins of Totalitarianism*) 中得到了进一步的发展。这部作品更多地建立在逻辑而非经验主义上，它让极权主义自身成为被探讨的话题。从某种意义上说，极权主义政体的特点包括了它对那些长期畏惧秘密警察的人造成的惊恐。然而，新的研究极大地修正了这一观点。例如，盖世太保的影响力显然比之前想象的更有限，多数德国人的日常活动都不受政府干预。纳粹政府不是用镇压手段来控制民众的，而是通过人民的支持实现其野心的。然而，获得这种支持不会让政府就此高枕无忧。对德国人视哪些因素为国家社会主义政体中的重要因素的研究发现，反抗失业和与犯罪的斗争是人们主要关心的，而反犹主义只是作为特殊有吸引力的因素被小部分人提及。

阿利的研究显示，专制型政府和“无辜”民众之间不可能划清界限。与此同时，他明显关注了几个被戈德哈根同样关注的意识形态领域，而阿利的设想则更加细腻、可信，也得到了较多认同。阿利作品的核心点是，盟军轰炸行动开始后有更多的犹太人被驱逐出境，直接原因是当时必须要给德国民众让出更多的房屋和家具。这些驱逐都不是秘密进行的，它们和“新”住处之间的联系不可能逃过德国民众的眼睛。在某种程度上，这句论断也可以被用来评价德国经济的总体状况：许多人一定意识到他们中有一部分人为德国的繁荣付出了代价。1938 年对阿利的估计来说是关键的一年，因为当年的军备支出、附加税收和社会政治令德国濒临破产。大概在这一年，据纳粹经济学家计算，德国经济可以通过兼并犹太人的资产得到迅速恢复。起初，这一想法只适用于德裔犹太人，不久适用范围就扩大到其他地区的“新犹太人”。显然，希特勒政府很快就只能依靠定期输送进来的奴工和被占领国的物资运转下去了。如果政府想支持军备和社会政治，就必须找到新的掠夺对象、新的受害者来对其进行剥削。从这个方面看，和平即意味着破产。德国经济要想持续运转下去，掠夺和奴工就是必要的。

然而，阿利的书没有（试图）回答“为什么犹太人最先受到迫害”这一问题。阿利提到的因素较好地解释了德国人民为何会支持纳粹政府，而用此去解释大屠杀的原因显得不够充分。阿利以极端的结构视角看问题漏洞百出。尽管多数大屠杀研究倾向于扩大反犹主义的影响，将其视作主要的催化剂，但我们可以认为阿利走向了极端对立面，他不承认反犹主义的重要性。在阿利的陈述中，大屠杀大概是一种经济活动，其主要动机是维持德国经济的运转。然而纯粹从经济的角度看，杀害东欧犹太人（占受害者总数的绝大部分）是浪费时间。在那里，多数犹太人都很贫穷，身无分文。尽管反犹主义情绪在普通德国人身上并不强烈，甚至在为纳粹社会机构之实践负责的政治支持者和士兵那里也不明显，但它对谋划并下令犯下滔天罪行的核心行为主体而言仍然是重要的刺激因素。

显然，德国民众接受迫害犹太人这一事实应当受到道德的谴责。然而，在我看来，应当重点关注那些积极投身犹太种族灭绝行动的人——大约有 10 万人。同时，应当提到的是这群人并非都能看清楚大屠杀的全貌。自然，所有轨道车司机应该是拒绝过参与驱逐行动……可是，他们中间的多数人可能并不知道集中营的条件有多么糟糕。那么，现在我们就将关注点放在直接参与屠杀的群体上：德国后备警队 101。

在有关大屠杀的文献中提到最多的是毒气室，被毒气毒死的人占死亡总人数的 50% ~ 60%。其他受害者因为其他原因而亡，主要是枪杀。这一点很重要，因为它使大灭绝的一些常规解释落空，例如官僚作风、劳动分工、技术化，以及与犹太人拉开距离。当被近距离射杀时，这些受害者仍然是人，而非一群被牵到集中营的牲畜。为了调查迫害者，我将采用克里斯多芬·布朗宁（Christopher Browning）有关后备警队 101 的研究作为出发点。警队由大约 500 人组成，他们构成了德国民众的横剖面，与驻扎在东部的所有特遣部队一致。这些警员不是普通士兵，他们无所畏惧，枪法神准。从 1942 年 7 月到 1943 年 11 月，后备警队 101 枪杀了至少 38 000 人，将至少 45 000 名犹太人驱逐到特雷布林卡，他们理应对至少 83 000 人的死亡负责。平均起来，每名警员枪杀 76 名犹太人且要为 166 名死者负责。警队中几乎没有人参与过之前的冲突；他们的行动不能视为有施暴倾向。他们是执行命令的普通人，不是根据让其胜任这项残杀行动的特别标准甄选出来的。

布朗宁的研究最发人深思的是，文件记录了后备警队 101 队员在波兰尤泽夫执行首次任务之前，如果感觉自己无法执行任务就可以选择退出。然而，只有少数人选择退出。当天有 1500 名犹太人在市集被杀害。警员们的反应各不相同。有些人似乎没有明白他们在面对受害者之前答应要去做什么，于是请求获得谅解。接着，他们又领命去市集以外的地方执行警卫任务。其他警员在又射杀一些犹太人之后再次请求退出。过了一段时间，一些警员就躲起来避免进入市集，还有一些警员刻意脱靶，而大多数警员都是射中目标的，整个警队中没有人抗议屠杀是不道德的。布朗宁估计后备警队 101 中有 10% ~ 20% 的人拒绝参与此次行动，但是丹尼尔·戈德哈根怀疑这个百分比比实际的略大。我们很难了解确切的数字有多少，但是根据两名作者引用的信息，有理由设想只有不到 10% 的人拒绝行动。我认为，对确切数字的争议不是关键，更重要的是有一大批人愿意参与大屠杀，尽管实际上可以中途退出——他们的确有退出的机会。我曾提到，没有证据表明某个德国士兵或警察因为拒绝杀害犹太人而被处决或入狱。多数士兵必然意识到他们有机会对下达的命令说“不”，但几乎所有人都说了“遵命”。

关于后备警队101，有一件十分令人不解的事——当选择参加大屠杀对警员的个人幸福或事业毫无益处时，更多的人仍然愿意参加。没有人是被迫的。更令人难以理解的是，最先拒绝参与的人之后又自愿加入了。后备警队101的警员没有表露出高涨的热情或者看似以大屠杀为乐，许多人甚至在执行任务之后变得沮丧——尽管肯定还有许多与之相反的例子——多数人在结束屠杀之后身心备受煎熬。那他们为什么还要这么做呢？布朗宁想到一个令人信服的情形，即反犹主义在这里也不是刺激警员的决定性因素。确实，只有25%～30%的人是纳粹党。

多数人在第一次杀人时会感到极度不适，包括生理上和心理上，但是我们知道，随着杀人次数的增加，这种不适感会越来越轻。后备警队101的许多警员在尤泽夫大屠杀期间和之后都被恐惧笼罩，这与他们对受害者的认同程度有关。然而，受害者的数量——在波兰尤泽夫遇害的1500人，之后在洛马兹遇害的1700人——让他们看起来像同质的群体，而不是由个人组成的集体。当他们在洛马兹第二次执行任务时已经较少表露出对命令的忐忑不安。对他们多数人而言，任何不适感都会烟消云散，这可能因为认同受害者的所有依据已经趋于瓦解。迫害行动事实上反映出“我们”和“他们”之间的巨大鸿沟。警员不得不变得残忍。更多的人自愿执行命令，人数已超过实际需要的行刑人数，围绕“追捕犹太人”的竞争文化也随之形成和发展。但他们仍然不愿杀害犹太妇女和儿童，这算不上是无法克服的障碍。热衷杀人者的数量激增，不愿杀人的少数派则变得更少。而最大的群体是由那些既不自愿也不拒绝、只是简单执行命令的人组成。我们可以设想这个团体的成员对自己比对受害者更同情，因为他们是被迫去执行这项任务的，而且每次任务只会加深其冷漠感。难以置信的是，这些人似乎没有反思自己的所作所为是否邪恶。例如，一名警员之后表示：“我必须承认当时我们没有认真地想一想。仅仅在几年之后，我们才真正意识到当时发生了什么事。”这类不顾后果的表现甚至比艾希曼的更加难以理解。后备警队 101 与受害者面对面交锋，而艾希曼与犯罪现场保持了一定距离。

之后有人说警员不想看上去像懦夫，于是加入这个团体，但是这些借口不足以解释他们为何要参与大屠杀。有一名警员将扣动扳机的行为描述成真正懦弱的举动，这样说可能更接近真相，因为瞄准目标比丢枪离开更容易。后备警队 101 将成员关系和融入团体的经历看得比受害者的生命还重要。这是可以理解的（尽管无法接受），因为受害者的性命本来就不值钱。

戈德哈根的陈述比较重要，他认为后备警队 101 的警员憎恶犹太人。事实果真如此吗？极少有人在采访中表露这类情绪。在常规战场上的士兵极少表达自己对敌人的仇恨；对团体的效忠看似比个人仇恨更受重视。同样，效忠对警队队员来说比反犹主义更重要。进而，他们中的许多人坚持认为自己行为的根源无非是听从命令并决定执行。戈德哈根认为，后备警队 101 队员的行动只能用一个特殊的词“德国文化”来解释。在我看来，这种假设可信度不高。另外，还有一个著名案例是 1968 年 3 月 16 日发生在越南美莱村的大屠杀。美军中尉威廉·L. 卡利（William L. Calley）担任指挥官，他对这场持续了大约一个半小时的屠杀负有主要责任。当时，有 507 名无辜者被残杀，其中包括 173 名儿童和 76 个婴儿。卡利一人就射杀了 102 人。官方报告上说：“敌方有 128 人在战斗中遇害。”其实不是 128 人而是 507 人被杀，而且他们不是死于战场，而是无助地被屠杀；最后要说的是，他们不是敌对者（敌军），而是普通平民。卡利认为自己只是遵守命令去做一名优等兵应该去做的事。当他被控告犯有大屠杀罪时，他竟然无法相信自己的耳朵：

> 我无法理解。但是我一直在想，难道自己做错了吗？我知道战争不该发生，杀人是错的，我意识到了那一点。但是我已经参战了。我知道自己杀了人，其他 100 万人也知道。我坐在那儿找不到答案。美莱平民在我的脑海中是一具具尸体，不会打扰到我。那天的任务是，找到、靠近

并击毙越共成员。我想，这项任务不可能有错，否则我会深感自责的。

如果我分别用“尤泽夫”和“犹太人”去替换“美莱”和“越共”，上面这段话也可以拿来供后备警队101的警员们使用——他们也辩解自己只是履行任务，已经“发现了敌人，与他们面对面，最后打败他们”；杀人是不对的，但他们当时是在打仗；关键的一点是，他们没有懊悔，没觉得自己做错了事。卡利不是唯一一个这么看待美莱惨案的人。那天参与行动的105名士兵中的多数人都没有对杀害500名手无寸铁的平民感到难过，因为他们只是奉命行事而已。其他15名长官和9名新兵与卡利一同遭到了指控。但是，只有卡利表示愧疚。另外，尽管卡利因预谋杀人被判处终身监禁，但他最终却以三年居家软禁代替了这一刑罚。

之后的调查显示，美莱惨案不是特殊事件；纳粹德国后备警队101和美军在美莱犯下的罪行并无显著差异。一些美军士兵对参与此次大屠杀感到极大的满足，而另一些则表现出后悔或不适。一名士兵说，他看到一名越南妇女时不想朝她开枪：“有个声音告诉我不要……但是当其他人都开枪时，我也扣动了扳机。”后备警队101也有相同的经历。事实上，我在美莱和尤泽夫发现了类似情况：少部分人拒绝执行命令——其中，有的士兵去保护平民，挽救了无数条生命；有的射杀动物，或者有意让子弹打偏——这类人的数量比前一种情况的稍多；剩下的人躲到一边。然而大部分士兵都听话地参与了屠杀。美军士兵不是普遍憎恨越南人，他们只是按照命令行事。卡利坚信，他个人没有杀害任何美莱人，只是代表美国去执行任务。在波兰的后备警队 101 也能说同样的话，即他们只是服从领袖的意志，与个人无关。但是这显然是属于个人的事。卡利和他的手下要为自己的行为负责，哪怕他们没有意识到这一点。他们在被审讯的过程中没有感到愧疚，只是将自己视为受害者。因此，他们显然并不真正同情受害者。我们暂时不管卡利是否从未认清自己在这件事上有责任，事实上，了解美莱究竟发生了什么事的人也没有意识到自己应该为此负责，这个反应令人费解。审讯卡利一事惊人地引发了暴力抗议活动。抗议并非针对犯罪者，而是针对审讯履行军令的士兵这件事。在对卡利提出诉讼之后，白宫一天内收到了 10 万封抗议信，有一首支持卡利的歌曲叫作《赞美战斗：献给卡利中尉》(*The Battle Hymn of Lieutenant Calley*) 在一周内卖出了 100 万份拷贝。《时代》(*Time*) 杂志在 1970 年开展了大范围调查，受访的美国人中有三分之二表示他们没有被美莱屠杀撼动。只有 9% 的受访者赞同控告卡利，80% 的人表示反对。这些美国人清楚地知道在美莱发生了什么事，即 500 多名无助者惨遭杀害。

戈德哈根声称，美莱事件似乎暗示了美国人对越南人的强烈憎恶，后备警队 101 的行动看似暗示了强烈的反犹主义。公众正面评价卡利令人难以置信，这件事促发了审讯之后几年里的一系列调查，美国平民和士兵被问到同一个问题：如果军队下达命令，让你射杀一群手无寸铁的平民，其中有老人、妇女和儿童，你会遵命吗？不同的研究结果之间有令人困惑的相似点：大约 30% 的受访者说他们会拒绝开枪，而 50% ~ 60% 的人说他们会开枪，理由是接到了命令。当考虑到这纯粹是个假设，因此表示“我会拒绝开枪”比在真实情景下抗令要容易得多，我们就更加了解究竟有多少人参与了后备警队 101 在波兰的大屠杀。

另一个例子来自以色列。以军于 1956 年 10 月 29 日在卡法加西姆发动了一场大屠杀。那天，在以色列边境和约旦之间的区域实施了“五点钟宵禁”，边境巡警接到指令，一旦发现有人违抗宵禁规定就要开枪击毙。问题是，从这里往返上下班的巴勒斯坦人会在五点钟之后下班回家，他们没有接到宵禁的通知。下令执行宵禁的以色列边警少校沙缪尔·马林基（Shmuel Malinki）特别强调对这类人也不要破例，他强调任何死伤都能让巴勒斯坦人相信情况有多么严峻。马林基的下属服从了这一命令。一辆满载妇女的卡车被拦下，就算他们祈求饶命也被击毙。有 15 个骑着自行车的人被命令从车上下来，然后当场被开枪打死。几个小时内警察开枪射杀了 47 名手无寸铁的男人、妇女和儿童。这些人犯了什么罪？他们只是下班回家而已。马林基及其下属接受了审讯并被判处长期监禁，可是刑期最终被缩短，他们被提前释放。以色列边境巡警、卡利的士兵，以及后备警队 101 警员之间有什么差异？在我看来差异不大。他们犯罪的程度或许不尽相同，而动机、功能等方面却极为相似。

我们可以进一步将上述案例与前南斯拉夫的种族灭绝事件做比较。当时塞尔维亚的警察，以及军队和军队预备役挨镇巡逻，将男人、男孩与妇女分开，将他们赶进谷仓进行屠杀，并毁坏尸体。这些警察和士兵是所谓的“普通人”，他们和后备警队 101 的差异是，部分塞尔维亚军队事先知道他们要杀害哪些对象。战争自然能够为施虐狂和为了杀人而杀人的人提供大量的机会，只是因为这能给他们带来刺激。

以上这些团体有何共同点？与常态相比，只是稍显不寻常罢了。如果我们观察那些在希特勒等极权政体下犯罪的行为主体，很难发现彻头彻尾的施虐者，以及恶魔般的邪恶者。在集中营，的确有一部分看守看起来像施虐狂，这些人甚至能比拼谁想出最极端、最有创意的刑罚——但这样的人只是极个别的，希莱姆曾下令禁止这些人在集中营工作。集中营和灭绝营的大部分看守之所以被安置在这些地方，是因为他们不适合执行常规军事任务。他们几乎不用满足什么条件就能上任，除了要求他们不得表现出任何施虐倾向以外。大部分看守都是事业型的理想主义者，总体上守规矩，只做其他人做的事，不反思行动是否道德。这与第二次世界大战期间的日本战俘营的看守情况类似。极端的邪恶不是由怪兽制造的，而是由常人犯下的。

从众是一股强大的力量。在著名的心理学实验中，几个六人小组被指定观察一条直线，并确认其他三条线中哪一条与这条线等长。在每一组中，前五个人按照指示做出错误的选择，第六个人也就是被试大多都给出了相同的答案，即使是明显的错误选择。这项研究未能告诉我们的是，从众——它让个人接受自己知道是错误的答案——是否仅仅是外部的（如果是内部的，那指的就是被试只表示赞同小组的其他成员，或者实际上是相信小组其他成员所相信的事）。这一点很难判断，或许在我们所说的和所相信的之间没有太多不同……那么通常来说，如果某人经常说什么，那么他就会很快相信那就是事实。

1960 年，社会心理学家斯坦利·米尔格拉姆（Stanley Milgram）开展了一项有名的实验，他让学生测试被试，确切地说，是让他们觉得自己是在对参与测试的被试（后文称作“受害者”）进行实验，当受害者答错问题就会遭到电击。在之后的几年里，米尔格拉姆用不同的方式重复了上述实验。参与的学生在实验开始前接受了 45 伏电压的测试。他们个人并不讨厌受害者，如果有学生选择不参加也不会有什么麻烦。他们没有经过培训，不会因此得到报酬，也不会有威胁、惩罚影响他们的行为——但是，大多数学生还是按照指示做了上述实验。60% 的学生遵照指示把电伏数一路调高至 450 伏，尽管上面特别标明了“危险：重度电击”。当学生既看不到也听不到受害者时，几乎所有人持配合态度。然而，当他们能看到、听见受害者时，只有40%的学生全力配合，当他们不得不将受害者的手放到金属板上时，配合率降到了30%。如果是没有权威的人发出指令，配合者会寥寥无几。如果学生不一定要实施电击，只需读出问题并判断答案，那他们当中就有超过90%的人会一直坚持到电压调高至450伏。之后，这些学生辩解说他们不该对此负责，因为他们并没有按下按钮。如果小组中有大部分人拒绝参与，剩下的人会有90%跟着拒绝。男女在这方面的行为没有明显差异。学生处理这类情况的方法多种多样：有些人特别在意过程中的每一步，好像他们试图避免看清全貌似的；有些大声交谈试图掩盖受害者的抗议；有些转过身不去看受害者；有些人坚信电击法其实并不坏；还有许多人说受害者愚笨应该遭到电击。在访谈的结尾，当学生获知自己才是真正的被试时，许多人表示如果知道实验是针对自己的，那他们就不会电击受害者了，他们当时只是遵照指示而已。其实，他们没有看到的是，遵不遵守指令其实都是由他们自己来决定的。

在米尔格拉姆的实验中，我们只看到了事情的一方面：认为自己给别人制造伤痛的人似乎没有这么做的渴望，他们只是委身于他们认为有权威的人。如果部分被试真的想制造痛苦怎么办？米尔格拉姆的实验没有体现这一点。罗伯特·A.巴伦（Robert A.Baron）做了一个实验，对这个话题具有启发意义。

在这种情况下，被试（大学男生）在实验开始之前被引介给一个人，这个人故意激怒其中几名学生，其余的学生被纳入对照组。研究者所任用的这个激怒部分被试的人成为实验（答错题目会受到电击）中的“受害者”。这项实验不同于米尔格拉姆的实验，在这里，一些被试是被有意激怒的，所以他们应该对控制电击的强度（由极弱升至极强）负责。另外，半数被试从所站的位置上能看到“痛苦计量表”，上面显示了受害者痛感的程度。看不到痛苦计量表的被试在遭到挑衅时只会启动稍强于对照组的电击；在能够看清计量表的情况下，行为差异就变得非常突出了。对照组（那些之前没有受到刺激的人）一收到受害者的痛苦反馈就调低了电流，而被激怒的被试则调高了电流。他们想让令自己生气的人感到痛苦，痛苦计量表的读数表示他们已经做到了，这本身就是一种强力刺激——不论事实如何，必须提到的是，被试认为自己令受害者遭受的痛苦，与实验开始之前他们自己接收的小刺激不成比例。当然，我不相信从这个实验中可以得出许多具有广泛意义的结论，除了能够发现个人在服从权威者的情况下，其行为的基础不像米尔格拉姆实验表现得那般模棱两可。巴伦总结道，决定因素不在于一个人是谁，而在于他感觉自己处在何种情境之下。两种因素都很关键，米尔格拉姆强调情境高于个性，他似乎低估了个人责任。而个人能够反思和决定自己想成为什么类型的人，这种能力就意味着负责任。

我们与恶的距离

尽管如此，如果我们稍微关注一下个人可能遇到的多种情形，就能找出如下五种要素，让那些无法被归为典型施虐狂的罪人接纳邪恶。

1. **呈现方式。**既定活动是如何呈现在行为主体身上的，这一点很重要。在参与屠杀无辜者和无助群体，与保护自己和你所爱的人并对抗威胁要消灭你的强大敌人之间，存在巨大的差异……而种族屠杀能够用上面两种情形表述。呈现方式很关键，在执行犹太种族大灭绝的例子中可见一斑。受害者被视为害虫和垃圾。这种情形偶尔很难维持下去——尤其是有关小孩的例子——但不是不可能，尤其是结合了以下其他要素时。
2. **拉开距离。**在你的行动和受你行动影响的人之间拉开最大的距离。例如：有的人在办公室做了某个决定，其后果却在其他地点产生了，而做决定的人可能从未去过那个地方。
3. **劳动分工。**是指行为主体只执行了任务的一部分，认为自己不必为最终结果负责。在大屠杀案例中这一点尤为突出，我们能以下列方式勾画典型的谋杀：在万湖会议上，纳粹领导层制订了一个计划（后来被实施）；警察逮捕了一名犹太人；艾希曼的小队组织了流放犹太人行动；轨道车工程师等人执行了流放任务；囚犯抵达由霍斯等人管理的营地；这座营的每个士兵都“身负使命”；一名囚犯强迫另一名囚犯进入毒气室。现在你会明白，没有人要为这些行动负全责。

4. **逐步升级。**个人的世界观不会发生根本转变。变化是渐进式的，每个人在每一次要面对一个需要解决的问题时逐渐发生改变。在相对较短的时间里，个人发现自己的价值观完全不同于当初的价值观，甚至没有意识到这些价值观已彻底改变。
5. **社会化。**个人被带入某种文化，曾经看上去难以理解的行为突然间成了行为规范。在这种文化里，所有行为主体都接受这一规范，个人的对抗偃旗息鼓。

以上五种要素在大屠杀参与者身上都能发现。尽管有助于我们解释为何这些人会这么做，却无法将其当作借口。所有人无论等级如何，都可以自由选择是否参加，如果选择参加可以确定以何种方式参加。甚至在最极端的情况下，个人仍然有能力进行选择。不幸的是，人们经常只能在两种邪恶中进行选择，选择邪恶程度较低的可以避免犯较大的罪恶。集中营有偏爱施虐的看守，同样也有挽救囚犯生命的看守，大概是因为他们仍然将这些囚犯看作人。多数人道行为是在私下进行的，因其直接与集中营的目标和思想对立。我们甚至还知道一些例子，其中多数施虐的看守仍然想去挽救囚犯的生命，如普里莫·莱维所写的：“同情和残忍能同时存在于一个人身上，不管是否合乎情理。”有的看守在驻扎集中营期间的行为相对体面。每名看守都能够做出个人选择，他们没有变得邪恶的义务。相对的体面也无法抹去“所有看守仍然会被指责参与种族灭绝”这一事实。只是有些人选择以体面的方式参与大屠杀，在战争的最后被视为仍留有一丝道德体面。

把思想作为对立面

既然我们讨论的邪恶的特定形式偶尔可以是“不顾后果”的，那么假设思想可以作为对立的力量就是符合逻辑的。因此，阿伦特着力研究思考的能力与从邪恶中分辨善良的能力之间的关系，能否停下来思考，的确有助于避免我们作恶。我曾强调，从严格意义上讲，艾希曼并没有付诸行动，只是随大流，他也没有发言，只是喊了一些套话而已。进一步说，他既没有思考也没有评估自身的处境。艾希曼表示不顾后果其实就是缺乏判断，就像是他的判断能力没有启用。最终，缺乏判断成了平庸之恶的典型形式。所有这些要素——行动、说话、思考和判断力——都联结在一起。对阿伦特来说，思想是一种积极的“破坏”活动，它会打破习惯和规则，从而引导行动。正如她所说的："所有思想都需要停下来想一想才会发光。”思想搅扰了人们的活动，让人们脱离日常生活中那些习以为常的功能，我们可以称这种思考方式为“反思”。反思可以让我们与活动保持一段距离。

阿伦特说："思想是无形的，是不在场的代表；判断总是针对具体细节和近在身边的事物。这两者亦是相互关联的，就像意识和良心一样。"思考必定与判断力相关。做判断时首先出现的是思想，只有思考才能做出判断。思考的目标是回到既定思想的出发点，这个目标暗示了思想必须具有批判性，而批判性无非是锻炼区分的能力。因此，思考的目标不是产生抽象的知识，而是为我们提供判断的能力，做出区分，例如区分出善与恶。阿伦特写道，如果区分能力从一开始就与思考"我们有充分理由相信的事情"的能力相关，我们就可以要求人们进行思考。

思考的真正意义是什么？阿伦特对这个问题的回答接近于康德，她假定了三种思考准则：（1）为自己着想；（2）想着我们而不是其他人；（3）思考时总是保持前后一致。第一点是无偏见准则；第二点是思维扩展准则；第三点是持续思考准则。第一点是从不被动的理性准则。倾向于这种被动，从而进入理性的他律被称作偏见……关于第二种思维准则……它表示思维扩展型的个人忽视了自我判断的主观个人条件（其他许多人都会受到这种主观性的限制），并从普遍的观点（只有将自己置于其他人的立场才能确定）来反思问题。第三种持续思考准则是最难获得的，只能结合前两种实现，一直遵守前两条准则才会产生持续思考的习惯。

艾希曼、霍斯和施坦格尔都没有做到这三点:（1）他们没有替自己考虑，只是跟随其他人;（2）他们没有设身处地为他人着想，从未反思大灭绝在囚犯眼中的样子;（3）他们之后也没有继续思考——这个错误归咎于他们未遵照第一条思考准则。结果，他们无法全盘考虑。他们所想的只是服从命令，而想法会随时发生变化。唯一自发想到的是对自己的无能为力表示愧疚。他们没有坚持康德提出的启蒙运动的理想:

> 启蒙运动让个人从自我导致的不成熟中释放。不成熟是指，在没有人指引的情况下不敢发挥个人的智慧。这种不成熟是自酿的，其原因不是缺少智慧，而是在没有他人引领的情况下缺少发挥智慧的决心和勇气。于是，启蒙运动便有了一句格言:“敢于探求！鼓起勇气发挥你的智慧！”

艾希曼、霍斯和施坦格尔内疚没有利用他们的理解力，没有鼓起勇气为自己考虑，而只是简单地遵从命令。他们也替自己选择去遵命感到愧疚。这种愧疚不仅来自艾希曼、霍斯和施坦格尔，也来自后备警队 101 警员、卡利部队以及无数相关者。我们都会产生这种愧疚之情，因此传统的启蒙运动依旧重要。从启蒙运动的视角看，邪恶不是独立、主动的力量，而是缺乏启蒙。因此，若想消除邪恶，我们就要克服无知。这个想法有点像苏格拉底和柏拉图的观念，即认为邪恶来自无知，如果我现在回过头支持类似的概念，那是因为我没有其他选择。阿多诺认为，唯一反对奥斯威辛主体的现实力量是个体的自主性，即“反思、个人自主权、不配合的力量”。这是一种无比美好的启蒙，也许是反对平庸之恶的唯一力量。自主性的原则是道德原则，它要求个人为自己着想，跟随自我良知，而不是谨遵命令。

阿伦特表示，在思想和良心之间，更确切地说，是在不顾后果和缺少良知之间有着紧密关联——我们找不到比艾希曼、霍斯和施坦格尔的情况更能说明问题的事例。提到良知，我不只是指感到内疚的能力。据我所知，欧里庇得斯最早构建出了良知的概念，他写道：“我明白自己做了一件惊人的事情。”继续行动时愧疚感不会出现，行动结束后它才会出现。到那时，个人才开始反思之前所做的错事；而这种愧疚能避免今后再犯同样的错误。如果某人想认识自己的罪恶，就有必要让他感到懊悔。因此，懊悔是从道德方面进行自我认知的表现。

迈克尔·格律恩（Michael Gelven）列举了个人意识到自己做错事之后的三种反应。

1. 我当时怎么那么傻？这种反应不同于“诚实”的疏忽，例如按下电梯按钮时不知道电梯井里还有小孩，也不同于粗心大意，例如开车时没看后视镜而撞了人。这里说的是你应该更熟悉情况，所以要为没有仔细考虑而自责。

2. 为何我没有制止这种错误行为？这种反应体现了更典型的人类弱点。我承认自己在一定程度上会犯错，而这里还包括不可容忍的弱点，它会让人允许被认为是错误的行为或事情发生。
3. 这件事让我成为什么？这是最深刻的良心谴责，我意识到自己因此堕落或腐败，以至于不仅感到羞愧，还感到厌恶。

这些反应是自我认知的必经之路。艾希曼、霍斯和施坦格尔应该有第三种反应，但他们都没那么做。霍斯甚至没有第一种反应；艾希曼仍然停留在第一种反应上；而施坦格尔有第一种和第二种反应，他的证词表明他好几次差一点就要做出第三种反应——不管其他方面，我认为这一点是他比另外两个人更值得同情的原因。如果他们三人都到达了自我认知的第三级，理解（如果他们没被原谅）他们就有了基础，因为他们通过自我评价会考虑道德方面，而这个方面是他们当初参与大灭绝时弃之不顾的。自我嫌弃说明无论如何他们三人仍然存在于我们中间。当然，这不代表他们不会得到惩罚，而在我们理解这种背负良心犯罪的人之前，首先要让他们先理解自己。认清自身的道德败坏，说明个人仍有一些人道意识，道德还没有完全沦丧。如果要让我从小说里举个例子——主人公的形象是根据真实人物的原型塑造的——我可能会选择来自约瑟夫·康拉德（Joseph Conrad）所著的《黑暗的心》一书中的库尔茨（Kurtz）。库尔茨最初是想教化非洲原住民的，这个抱负本身并不邪恶。然而，他渐渐腐化直至最后竟然认为原住民应当被消灭："灭绝所有野蛮人！"我们不可能知道他是从什么时候开始改变的，作者没有提供任何具体的时间点，也许那是渐进式的习惯和扭曲过程，直到残忍变成了他的习惯。库尔茨最终意识到这一点，最后说的一句话——"真吓人"，这可能是他对自己变得如此骇人的总结。这样看来，库尔茨在死之前进行了道德反思。

邪恶的人们

当我们讨论人类邪恶的不同类型时能得出什么结论？我想主要包括人既善良又邪恶，而不是非善即恶，非恶即善。亚历山大·索尔仁尼琴（Alexander Solzhenitsyn）写道，善与恶不是由各个组织——国家、阶级或政党——而是由每个人的内心区分的。邪恶可能存在于每个人身上，因为我们都是自由、道德的人。邪恶，就像善良，是我们人性的共同点。但这并不是说每个人身上都有相同的善恶配比——显然情况并非如此。确实有些人比其他人更邪恶。然而，我们每个人仍然有可能既做善事也做恶事。最重要的是，这种可能性如何在行动中表现出来。

我们同样明白，人们可以怀抱不同的动机或者完全没有动机地去行凶。最不可能出现的是恶魔般的动机——只为邪恶而去做邪恶的事情。然而，人们确实会在认清邪恶本质的情况下做出邪恶的举动，这可能是为了获得主观的善。尽管我对康德的根本恶的理论持保留意见，但我仍然觉得它为工具性的邪恶提供了可信的解释。然而，康德的理论对其他形式的邪恶适用性有限——不能解释我所谓的理想主义或愚昧的邪恶，其行为主体要么自认为受到了客观的善的鼓舞，要么完全没有反思善与恶。

没有人对邪恶有免疫力。我们都曾犯下过上述几种恶行的一种。我们中的多数人只是在小范围做过一点错事，可是我们所有人都可能更大程度地集体作恶。邪恶的人不仅仅是“其他人”，也是我们自己。现在据我对自己的了解，我非常肯定自己不会做出艾希曼、霍斯和施坦格尔或者后备警队 101 警员所做的事，但是我又意识到，在某些情况下我可能会做出他们所做的那种事。我的本性无法保证，当我处于他们的境地时我会不会采取他们的那种做法。正如奥多·马夸德指出的，人类自身就是一个意外。我们不该认为人类完全是自己和命运的主人。我的“自我”基本上是机缘造就的，包括出生的时间和地点、成长过程对我的影响，等等。我们可以认为命运是事先注定的，但我们也必须认识到，我们能够改变决定自己命运的因素：我们可以将人看作既是“命运被他人决定的人”，也是

“决定自己命运的人”。人类能够反思自己是谁，自己应该变成怎样的人，能够选择成为谁。我们不一定会受环境影响的决定，即便环境确实限制了我们的行动范围。人是自由的，是指人们的行为总是千变万化……正因如此，从道德上说，他们会因自己的行动受到谴责或褒奖。例如，每一个大屠杀的纳粹参与者的表现都不尽相同，认识到这一点很关键。

我们倾向于认为人性本恶。挪威作家斯蒂格·塞特巴克肯（Stig Sæterbakken）写道：

> 若时机成熟，我们都会变成恶棍。我们没成为凶手和法西斯主义者的唯一原因是没有遇见合适的时机，这一点值得庆幸。在某些情况下，每个人都可能会折磨他人。我们无法忽视这个现实。但是，每个人都可以用虚伪的方式对此视而不见。如果真的有什么道德立场可供选择，我们就得承认在关键时刻自己甚至从未了解何谓道德。

然而，即便每个人都可能在特定环境下折磨其他人，也不代表每个人真的都会这么做。未必每个人在关键时刻都会忽视道德，当道德变得很重要时，我们不见得注定是道德失败的人。也许多数人失败过，但不是所有人都会遇挫。失败者和未失败者之间可能没有本质差异，但塞特巴克肯的论断实在过于片面。我们面临的问题是，在关键时刻我们会采取什么行动是尚未确定的——我们还未真正地付诸行动。如果注定会失败，便没有奋斗的必要：我们可能会完全放弃奋斗。但情况并非如此——我们仍然会希望自己做一些正确的事情，能够有力量抵抗邪恶。这个希望本身——只能是一个希望，并非我们绝对了解的事物——可能会帮助我们在时机成熟的时侯做出正确的选择。

人们容易犯错，也会遭遇失败。保罗·利科写道："认为人是容易犯错的，意味着什么？大概意味着人的体内可能流淌着道德恶的血液。"作为个人，是有可能作恶的，但这只是可能性而非必然性，不能将此作为作恶的借口，至多只能作为解释作恶的一部分原因。利科进一步论证，可能作恶和实际作恶之间的差异几乎等同于纯粹从人类学角度和从伦理学角度描绘的容易犯错的人之间的差异。人类学和伦理学不是对立的，但也不是相生的关系。人类学为伦理学提供发挥作用的空间；它表示人类都能作恶，也都可能会遭遇失败，而伦理学主要会因为我们的失败而责怪我们，因为（不考虑其他方面）我们也可以不作恶。

所有人都会遇到失败。纯粹的无辜是没有失败的"易犯错性"，但这种无辜状态只是一种理想，不是在现实中所能达到的境界。只有那些能够感到内疚的人才可能是无辜的。从严格意义上讲，即使婴儿也不可能是无辜的，因为从道德方面看他不会失败。无辜是属于道德判断的状态，从不以纯粹的形式出现。纯粹的愧疚和纯粹的无辜都是理想化的产物，我们夹在两者之间。我们都心怀愧疚，也表示自己是无辜的，只是程度不同而已。在宗教意义下我们可以说自己都是罪人。我们都是罪人，不是因为我们是原罪的受害者，而是因为实际上我们制造了罪孽。

Ondskapens filosofi

第4篇

Ondskapens filosofi

邪恶的问题

本篇的标题是“邪恶的问题”，这不是指要将读者带回到神义论，回到邪恶如何形成的问题上。相反，我将要讨论的是作为实际问题的邪恶问题。让邪恶变得中立，比解释它是如何来到世上的更重要。邪恶是我们作为行为主体而非思考者的挑战。因此，邪恶的问题就不是需要哲学答案的哲学问题，我们的目标不应当是发现幽微的理性线索，以便与邪恶的存在达成协议。最终，邪恶存在的事实不再是形而上学的挑战，而更像是道德和政治的挑战。

理论与实践

哲学倾向于回避实践，着眼于观念而忽视行动。这种倾向最初被亚里士多德指出：冥想生活高于实践或政治生活。这种想法可能产生的结果是，哲学失去改变外部世界的机会，因为现在所有伟大的想法（也包括有关邪恶的想法）都属于内心的反思。马可·奥里利乌斯（Marcus Aurelius）清晰地构建了这一思想："你的邪恶并不在于……你所处环境的任何改变和变更。那它在哪里？你身上评价邪恶的那一部分在哪里？不做评价的话，一切都是好的。"奥里利乌斯的伦理学以自我为中心，指出我们不应该只关注其他人的罪恶，还要关注我们自身的罪恶。

斯多葛学派的这种思想在哲学史上屡屡出现。笛卡尔在《方法导论》（*The Discourse on Method*）中提到的"临时伦理"包含四点：（1）遵循国家法律和习俗；（2）行为要坚定；（3）把握自己而不是财富；（4）全身心研究和探索真理。在给波西米亚的伊莎贝拉公主写信时，笛卡尔进一步发展了这一观点，为美好的生活勾勒了三条准则，与《方法导论》中的三条道德准则相呼应：（1）用理性去发现我们应该或不应该做的事；（2）果断执行理性的戒律；（3）改变我们自己，因为外部利益不受我们控制。他将这三条准则与第四条联系起来，即正确运用理性会带来幸福，因此人们应当致力于理性的研究。这个伦理概念表明，最好的生活是冥想生活。我们不可能改变世界，只能改变自身。

虽然维特根斯坦是一名反笛卡尔主义者，但是他也得出了同样的结论，认为所有伦理都指向个人，保罗·恩格尔曼（Paul Engelmann）在这方面的观点发人深省：

> 维特根斯坦从我身上出人意料地看到了一个像年轻一

> 代的人，他看出我深深纠结于“世界是什么样的”和“世界在自己心中应该是什么样的”之间的差异。然而，他看出我也想探求这种差异的根源，它不在外部，而是在我自己身上。

恩格尔曼进一步写道：“始终认为差异只在自己身上的人，必然拒绝相信外部事实的改变可能是必要的、迫切的。”为了坚持这一想法，维特根斯坦在年轻时写过，他无法只通过意志改变世界的状态，在这个方面他完全无能为力：“我只能遗世独立，在某种程度上不再对所发生的事发挥影响，进而去把握它。”解决生命问题的方法在于，申明个人会放弃改变世界的责任。对这种退出的“伦理犒赏”是幸福，因为幸福的人已经顺利地与世界和谐共处。幸福的生活是冥想生活：“唯一幸福的生活就是可以放弃世间之乐的生活。”在这里我们再次相信纯粹的冥想生活是美好的，表示我们躲开了世间的盛衰荣辱。然而，我们不能迅速全面领会这个观点：只有当放弃实践并让自己投入理论时，我们才能找到幸福。维特根斯坦把哲学从凡世间剥离开来，从而在改变世界的过程中再次将哲学降级为无法改变世界只能改变自己的学科。为了坚持这一思想，维特根斯坦在 1944 年写道：“能变革自我的人才能支持革命。”正如我们见到的那样，迈入老年的维特根斯坦认识到哲学是“让事物保持原貌”的学科，他生命中的大部分作品都是围绕这一观念展开的：“平和的思想——这是热衷哲学探讨的人所渴求的。”维特根斯坦在年轻时与年老时所持的“基本的”（某种意义上属于“笛卡尔式的”）哲学观念似乎是一致的——这种观念与相信哲学应该帮助人们改变世界不相融。

斯多葛学派的确走向了奥里利乌斯明确建议的那种哲学态度，即我们应当纵容他人的邪恶。然而，这也招致了无数由忽视产生的罪孽，让世间之恶四处隐匿。保罗将允许恶事发生的人和作恶的人视为同类。然而，我们也可能得出这样的结论，即没有现实的理由去抗击邪恶。帕斯卡尔说：“这是邪恶的自我否定。”也就是说“邪恶固有的恶意”会让邪恶毁灭自身。帕斯卡尔引用的例子是谎言。只有当谎言通过实话表现出来时才可能存在，因此谎言的内在包含了对立。但是，拥有内在对立和自我毁灭不是一回事。只要说实话仍然是大众的习惯，即只要撒谎的行为不是惯常行为而只是例外，那么谎言就会继续发挥它的作用。这么看来，我们就无法断言邪恶会毁了它自己。我们必须主动打击邪恶，不能等到它自行毁灭。

因此我认为，哲学反思应当从纯粹的反思走向实践。康德认为，所有利益最终都存在于实践中；他说人类是“完全活跃的存在”，并希望确定达到这种活跃有多大的可能性，以及发挥这种活跃需要实现什么目标。康德进一步主张：“我们才能的全部必须在实践中发挥作用，目标就是能够在实践中整合在一起。”理论哲学应当从属于实践。康德不认为这一原则仅限于哲学：普通人能让自己分清善恶，能够按照自己得出的结论行事。问题是，他的这类洞见很容易被边缘化。

阿格妮丝·赫勒（Agnes Heller）重塑康德的绝对律令，她暗示当个人做出某些行为时，人们会有一种“减轻某人的苦痛有赖于他自己付出的行动”的感觉。然而，我们知道自己看到有人遭殃时可能会不为之所动。我们较难理解这种情况是如何出现的，因为怜悯假设存在某种即时性——它也有捉摸不透的一面：它会被“觉得自己会怜悯谁”的想法牵制。怜悯推倒了他们和我们之间的围墙，在某种意义上，怜悯某人暗示了我们将自己置身于他们的处境，“变成他们身边的人”。当我们对某人感同身受并对其表达同情时，相互之间就建立了紧密的关系。然后问题就变成，这个陷入困境的人是我想接近的那种人吗？这一点让问题呈现出极为显著的差异。对某些人而言，怜悯必须广泛存在于整个地球上——我不能理解怜悯竟能有如此深远的影响；确实有些人只怜悯动物却将人排除在外；还有的人只对特定的群体表示怜悯。这些“有同情心的群体”不属于特定阶层，同情动物的人也不一定同情所有人，如纳粹。他们建立了世界上第一座自然保护区，理应被视为现代环保运动的先驱，但他们肯定缺乏对绝大多数人的同情心。很显然，我们能够发觉“同情的对象是值得同情的”这一点很重要。对亚里士多德和古希腊平民而言，同情奴隶是绝对不合适的，因为奴隶不值得怜悯。同样的道理适用于美国奴隶制时期美国白人对非裔美国人的态度。党卫军士兵不应该怜悯犹太人或吉卜赛人，阿尔坎老虎军不应该同情波斯尼亚的穆斯林。不排除有人天生爱同情他人的这种可能性（就如哲学家等自古以来所暗示的那样），但是我要说这种能力会被类型化阻碍。“我们”与“他们”的差异会搭造一堵让怜悯无法穿透的墙。霍斯、施坦格尔等人自然明白那些囚犯备受煎熬，可是这种煎熬被视为无关紧要的而遭到忽视。不幸有其人性的一面，但它不允许这一面为自己纠偏。

休谟暗示我们，时空的接近性对怜悯发挥着作用，这个想法基本合理。例如，相较于 20 世纪 90 年代的安哥拉受害者，我们更同情波斯尼亚的受害者，即便安哥拉当时的情况更恶劣。然而，只依靠接近性并不总是足够的。多数人很少会同情每天见到的无家可归的人。休谟写道:“每个人都像我们这样。这么说是指，我们想象自己比另一个事物更有优势。”锻炼想象力就是对同情心提出要求，也就是说在我能同情不幸者之前，我必须想一想我和他之间是否有共同点。从而，休谟认为我们会怜悯那些最像我们的人——但这并非完全正确。之前，我注意到弗洛伊德的“微小差异的自恋”观点。以北爱尔兰的清教徒和天主教徒的关系为例。现在，这两个群体的共同点比他们与世界上其他群体的共同点都多，但是这种相似性被他们“归属于对立群体”的意识破坏——结果，他们很少或从不相互怜悯。人道主义除了努力打破人类情感的障碍还能做什么？怜悯，要求个人在其他人的遭遇和他们自己之间建立起关联……但是，这意味着个人必须首先认同受害者。

当某个已被污名化或被视为地位较低的群体受到不公正待遇时——个人可能不太认同这个群体——不公正的现象很可能不会长期局限在这个群体，而是很快对社会各个层面发挥影响。如果社会最底层的人遭受折磨或类似的不幸，邪恶就必然会延伸至社会的所有阶层。从这个角度出发，纯粹从自我本位的角度看待邪恶就会得出这种结论：你不应该轻易忍受最终会打垮你的不公正。酷刑是会扩散的。罗马法首次将酷刑限于被指控犯罪的奴隶，一段时间后范围扩大到目睹犯罪发生的奴隶，最后它发展到适用于自由人。最终，酷刑变得很普遍，甚至应用到不算特别严重的罪案中。这一形式在中世纪反复出现，当时罗马法是多数欧洲国家的法律典范。大约在公元1250年，对允许对其动用酷刑的对象有着严格的限制，例如，你不能对目击证人、孩子、老人、孕妇、骑士、贵族、国王施加酷刑，神职人员在很大程度上也不得遭受酷刑的折磨。然而，数百年之后这些限令一度消失，最终在原则上可以对任何人实施合法的酷刑。我们在现代社会也发现了相似的发展历程，只是行进的速度更快而已。这样看来，从“边缘群体”那儿开始的事物几乎在较短时期内就影响了整个社会。邪恶起源于小事，大多数种族灭绝在刚开始时不是极端的邪恶，而是渐渐发展到如此巨大的规模，这是因为它在起始阶段就没有得到抑制。比如，纳粹的犹太种族大灭绝行动就是一例。如果德国人抗议反犹太律法以及早先的强制驱逐，那么大屠杀基本就不会发生了。即便德国人——与戈德哈根的论证相反——没有意识到犹太人正在遭受如此强烈的灭绝行动，他们也有义务反抗严重违反人权的驱逐行动。

一些小规模的示威游行确实发生了，其后果是德国人不再容忍他们的领袖所做的这一切。纳粹的首个安乐死试验直接针对的是患有精神疾病和身体残疾的人，一旦德国人意识到发生了什么，他们就产生了强烈的反应。大规模抗议让这个计划取消了——我们必须承认，计划取消之前已经有七万人为此失去了生命。在另一边，德国妇女在柏林进行了三天示威游行，对她们的犹太丈夫被囚禁表示抗议，结果有 6000 名犹太人获释。换言之，这些抗议产生了效果。但是在德国却没有出现抗议驱逐犹太人的大型示威活动。而在保加利亚就有大规模的民众抗议，要求减轻犹太人的刑期。此外，面对犹太种族大灭绝这一事实，其他国家被动地固化了“灭绝不算太邪恶”这种态度——在 1942 年 12 月，希姆莱写道，他由衷地相信英国人和美国人也参与了犹太种族大灭绝。事实上，战争一开始时，同盟国能做的事情并不多，而即便存在现实的阻碍，例如，在战争快要结束时阻止轰炸奥斯威辛（这个方案甚至遭到犹太人组织的拒绝），同盟国还是应当明确表示它们知道发生了什么，那是完全不可接受的，责任方将被绳之以法。如果这件事发生了，或许不会改变什么，但也可能会让灭绝营提前被拆除。这一点很容易想到，由此我们可以看出，如果德国人通过大规模游行对政府施压，那么有可能影响大局。为何大规模游行没有发生，明显的解释是普通德国人不认为驱逐会直接影响他们，所以对此事持冷漠的态度。这说明普通德国民众已经接受了根据体制划分的"德国人"和"犹太人"的差异，但这没有证明德国人是戈德哈根所说的那种积极的反犹主义者。无论如何，这表明了普通德国人对只被视作理应受道德谴责的驱逐行动保持冷漠。

目击者有义务进行干涉。这种义务不一定是司法层面上的，还可以是道德层面的。如果某人有机会调解不公正而没有去调解，那这个人就应当接受部分的指责。然而，我们想让自己感到心安的心态——这里不是指安全感——容易遮盖我们对受害者福祉甚至他们生存的关心。忽视，不是最低劣的邪恶类型，而是最普通的一类。多数凶案都有目击者，而很少有目击者会站出来阻止悲剧结局的发生。

这一想法让我们看到了另一番景象：有机会干涉的人数越多，他们就越不觉得自己有责任这么做。责任分散原则是由约翰·达利（John Darley）和比伯·拉塔内（Bibb Latané）在1968 年提出的，用来解释为何旁观者通常不去帮助需要帮助的受害者。这项原则的提出源于对 1963 年发生在纽约的一起案件的研究，凯蒂·吉诺维斯（Kitty Genovese）当街被暴打一个多小时后死亡。当时现场看到或听到这一幕的 40 个人中没有一个人上前阻拦或报警。达利和拉塔内的解释与常规解释（认为城市居民一般比较冷漠）不同，他们认为事实是目击者人数众多，他们每个人都觉得自己没有责任去管闲事。之后的实验室实验强化了这一假设，实验结果表明单独的个人比一群旁观者中的一员更有可能向求助者施以援手。

无论是孤立的暴力事件，还是全国范围的犯罪，旁观者都可以在很大程度上去影响局势的结果。针对后一种情况，我们可以举出埃德蒙·迪恩·莫雷尔（Edmund Dene Morel）的例子。他花了数年时间让世界了解了在比属刚果发生的暴行。最终，在他的帮助下这些暴行被终止。生活在民主国家的人常常被教导保持警醒。在民主体制下，缄口不语的居民会被默认为持赞同态度。那些有机会去公开抗议却没有去抗议的人等同于表示同意。也就是说，旁观者只有介入事件之中才能实质性地影响当前形势。这里所说的介入不只包括介入暴力事件或制裁，对该事件道德地位的定义和重新定义所提供的帮助与介入一样重要。目击者介入之后能打破道德共识，让更多的人意识到不符合道德标准的行为正在发生。目击者的干预可以唤醒我们麻木的良知，从而让我们重新从道德的角度感受受害者的不幸。更何况多数行为主体都认为有必要使自身的行为合理——最好在行动之前，也可以在行动之后；这样一来，时刻反抗偏见就显得尤为重要了，因为这样做有助于消除基于偏见的辩护策略的合理性。

邪恶行为的正当理由通常来自以下两类因素中的一类，也可能来自两者：（1）某人或某群体对我和他人构成了严重威胁，所以他们必须被攻击或消灭；（2）某人或某群体有某种特点或弱点，使其不必被视作不容侵犯的对象。换句话说，恐惧和轻蔑是邪恶产生的两个主要源泉。而目击者可以尝试改变这种情况，让恐惧和轻蔑或者两者之一看起来是因为其他原因所致，而不是作恶者眼前的事实所导致的。

描述的事实和规范人们行为的价值观不是完全相互独立的。规范性考量影响我们对某一种情形的解读方式，眼中的“事实”会对规范性评估产生影响。我们从不妄加推论说某类情况是错误的。例如，我们知道虐待某人是不对的。虐待的概念与“知道某行为是错误的”同步，而意识到虐待是错误的只适用于“我们认识到某件事是一起虐待事件”这种情况。旁观者在给一个事件定性时可以发挥决定性的作用，尤其对种族屠杀事件来说更是如此。许多国家避免把发生在波斯尼亚和卢旺达的事件定性为“种族灭绝”，因为那意味着它们在道德、政治和司法方面负有调解制止的责任。如果进行干预恐会有失人心，那么就必须对这些国家施压，让它们不得不承认种族灭绝正在发生——就世界共同体的责任而言，有必要重新提到 1948 年《种族公约》（*The Convention on Genocide*）。我们也要承担与此类似的责任，就是去督促立法者采取实际行动。

我认为干预的主要原因是理应让人们看到施加在受害者身上的行为是错误的，如果有可能，他们也应当看到这种错误被纠正。同时，作恶者应该被视为道德共同体的成员，这种成员身份预设了他们要因自身的罪行接受裁定。我认为惩罚这个因素（将作恶者绳之以法）远远比惩罚对其他人或社会产生的影响更重要。换言之，我把公平观念看得比功利考量更宝贵。

国际战犯法庭的目的在于让个人对战争中所犯的罪恶负责，而不是将整个群体妖魔化。法庭致力于让个人而非集体愧疚。对整个群体妖魔化会加固“我们”与“他们”之间的对立，（正如前文所述）也会首先为进一步迫害无辜者找到正当的理由。然而，国际战犯法庭对国际法的基本原则——可追溯至 1648 年《威斯特伐利亚和约》（*the Peace of Westphalia*）——提出质疑，认为只要一国的领土未被他国侵占，国际法就应当反映该主权国“管理本国事务”的利益。对他国的士兵、官员和领袖进行审判就违反了主权国家地位的原则，因为这时我们实际上是将这些对象当成了个体而不是一国的代表。

信仰伦理和责任伦理

然而，我们要做的不仅仅是要让犯罪者接受审判，或许还有必要进行暴力干预，以便从一开始就阻止侵犯的发生。先知弥迦写的是“化剑为犁，化矛为镰”，而先知约珥写的则是“化犁为剑，化镰为矛”。大多数时候我们应当遵从弥迦的指引，而在并非人人都听信弥迦的世界里，我们有时也需要听从约珥。从马克斯·韦伯对终极目的伦理和责任伦理的区分上看，可以说终极目的伦理促使我们遵从弥迦，而责任伦理有时会让我们遵从约珥。韦伯写道，在终极目的伦理表示“邪恶不该对抗暴力”的地方，责任伦理会说“你们应该用暴力抵制邪恶，否则就要为邪恶的蔓延担责”。韦伯对这一观点进行了如下引申：

> 我们必须清楚地理解，所有伦理行为都可以服从两类完全不同的原则，即“终极目的”伦理和“责任”伦理，两者难免相互冲突。这不是说终极目的伦理等同于责任缺失，或者说责任伦理等同于信仰缺失。这种问题当然是不存在的。但是，在依照终极目的伦理的准则行事——用宗教术语解释就是“基督徒将结果交由上帝决定是正确的”，和依照责任伦理的准则行事［指个人必须对行为的（可预见的）结果负责］之间存在极其深刻的对立关系。

与此类似的终极目的伦理不仅存在于新约也存在于旧约。总之，这个观点暗示了人要待在属于自己的轨道，剩下的交给上帝去决定。很显然，康德是这一观点最著名的现代代表。在他看来，个人的道德责任具有绝对价值，人甚至不该因为要救他人的性命而去撒谎。采用专有的终极目的伦理看似最为保险，因为这样做至少可以宣称自己总是持有适当的道德立场——你只是具体情况下的一名受害者。通常，最容易的方法是只遵从自己的良知，即个人在生活中发展出来的用以指导行动的法则。但最容易的不见得是最佳的。对他人的遭遇保持平和心态、问心无愧，是否总是一件好事呢？我想答案是否定的。终极目的伦理和责任伦理之间不是互斥的而是相互补充的关系，有时，终极目的伦理必须为了责任考量被搁置一旁。然而我们面临的问题是，人是会犯错的，人们通过不公平地对他人制造不幸来作恶，这种不幸无法被视为合理的。于是，韦伯继续写道：

> 世界上没有伦理能绕过这一事实：在许多情况下，获得“善的”结果是与必须接受道德可疑事物或至少是有风险的手段可能产生的邪恶副作用相关联的。世上没有伦理能预测善的目标在多大程度上能证明道德上有风险的手段及其副作用是合理的。

没有“道德算法”会一直正确地告诉我们，何时终止终极目的伦理的行为是合适的，尤其不会告诉我们当这种伦理终止时哪种手段才是合理的。我们只能依靠自己的道德判断……有时会判断失误——接着，个人就会变成邪恶的行为主体，无论其最初的意愿有多善良。一般而言，我会说终止终极目的伦理只能阻止更进一步的邪恶发生，而不能实现善的理想。这会限制理想主义的邪恶，正如我们看到的这类邪恶在 20 世纪的极权主义政体中所表现的那样。进一步看，有些邪恶具有极端的特点，它们不惜采取任何手段。不过，首先必须尝试的是所有其他看似值得信赖的手段。

终极目的伦理和责任伦理可能会产生不同的价值观，例如在人权方面。人权不是那种强加在受压迫的人身上的违背自己意愿的权利。藐视人权的领袖反对人权，而民众却希望得到这些权利。人权的概念已经上升为对暴力、迫害和压迫经历的正常回应。这些权利不只是人类的权利，而且还是由人类创造出来的——它们是历史的产物，应该被视为可以改变的。然而，我相信在日常实践中这些权利应该被视为绝对权利，甚至当它们阻碍我们获得更高的善或制止将来发生的恶时也应当得到尊重。只有当它们与其他权利——通过广义上的评估我们认为这些权利更为关键——产生冲突时才应当被搁置一旁。

在我看来，责任伦理应当作为程度较轻的效果论得到发展。强、弱效果论之间的差异是，前者认为人们有义务让每件事尽可能产生更多的最佳结果，而后者认为没有什么事情的结果不与“做正确的事”相关。在多数情况下，弱效果论会同意终极目的伦理，但它也认为有些事情的结果会比我们对个人权利的关心更有分量。

这主要暗示了人权应当被理解为不受限制的责任，原则上可以在迫切履行责任时发生偏离——指的是维护人权会产生负面效果的情况。问题是，人权在何时、在多大程度上会偏离轨道。我认为必须存在对某个国家或个人安全的具体威胁。这表示每个违背人权的情况都必须被个体证实。可以不从法律角度谈论有关人权的一般例外情况，因为这样无异于宣称我们的人权是虚设和无效的。不幸的是，我们必须指出美国布什政府的反恐战争并不符合这一要求，它在很大程度上导致了对人权的无理剥夺。

我们很多时候看不清楚究竟哪种行动产生的罪恶较少。除此之外，在行动的结果尚未明朗的情形下，我们应该做出判断，通常这些判断是建立在信仰伦理之上的。但是，当我们清楚自己会在两种邪恶中挑选一种，并且知道一种邪恶显然比另一种程度更深时，我们应当选择程度较轻的。有时，为了避免一场灾难，侵犯他人权利可能是正确的选择。“玷污自己的双手”产生了一个悖论：有时我们会发现为了做成一件好事必须要做一件坏事。选择做邪恶程度较轻的事不应遭到谴责——但是我们必须认识到自己仍需对这种较轻的罪恶负道德责任，并在之后要尽最大努力改正。

所有行动或多或少发生在不甚稳定的基础上。我们永远无法全面了解自身行动的结果和条件，最好的意愿也可能导致令人胆战心惊的结果。在未意识到发生了什么事，且在无法控制的选择和条件下，我们可能给他人带来了可怕的灾祸。没有绝对可靠的例子能告诉终极目的伦理在每种情况下什么才是对的，因为正如上文所述，道德算法是不存在的。普遍化测试——想象特定的行动是否可以被整个群体采用——可以为我们指明方向，但它们也不是万无一失的，因为它们必然会剔除完全可被接受且有益的行动，而把那些与此相反的行动纳入其中。这一点在黑格尔对康德的绝对律令评论中清楚地表达出来——即这种程度的抽象形式主义产生的结果是，任何准则都可以被转化为普通法。此外，普遍化只能为我们提供一般规则，规则与个体情况的关系仍然不够明朗。因此，黑格尔认为，考虑到绝对律令需要将社会和个人分开，只有社会才能做出道德判断，伦理的多样性与我们个人的行为没有真正的关联，因为我们每天面对的是具体的而非普遍的情况。绝对律令不是对每种情况都适用的，而是独立于每种情况之外。结果，当个别情况被抽象为普遍情况时，它就无法被识别。我们应当在普遍的人际互动中，基于“共同点”做伦理判断。在索福克勒斯（Sophocles）的《安提格涅》（*Antigone*）中，克瑞翁的儿子艾蒙让他不要“在尚未与人讨论具体情境时练习所谓的实用智慧”。为了避开这种情况，我们可以呼唤民主原则的雏形：道德和政治问题应当在公共论坛中被解决。当讨论这个话题时，我们有时会决定是否要采用暴力去克服邪恶。

政治与暴力

在终极目的伦理指明个人不应诉诸暴力的地方，责任伦理可以要求启用暴力——在任何政体下采取暴力都不是问题，不论讨论的是自由民主还是专政。暴力是平常的。在政治领域，根本问题不在于暴力与非暴力，而是在于合法暴力和非法暴力。自由民主社会付诸暴力来保护自由想法。它们的存在是以这种暴力类型为前提的。因此，自由民主和暴力之间不存在冲突，而是存在明显的兼容性。结果，问题不再是个人是否支持或反对暴力，而是个人希望参与或支持哪种暴力。当然，有人会为了政治暴力而去支持政治暴力。例如，乔治·索雷尔（Georges Sorel）发现，暴力不仅在道德上是可行的——一旦其他选择都用尽，就会被迫诉诸可能制造不幸的方案——其自身还具有较高的价值，即暴力塑造个性，将无产阶级团结到一起。弗朗兹·法农（Frantz Fanon）也相信，对受压迫者来说，暴力除了具有工具价值外还具有一个基本的价值，那就是自豪感，并具有“积极的、形成性的特点”。在给法农的书作序时，萨特支持这个有关暴力的观点，他甚至比法农走得更远。然而，我在这里不会将政治暴力视为拥有固有价值的理论，而会重点关注暴力的工具性方面。

反战主义经常被证明防守立场存在于比预想得还要多的情况中，而暴力可以被证明是一种道德上的需要，尤其在有必要制止其他暴力或不公正的情形下。事实上，暴力存在于社会的各个角落，即便有人拒绝使用暴力，仍可能会间接地支持它：当暴力对他人造成影响时就分担责任。“付诸暴力可以变成道德要求”的想法完全与“渴望尽可能地让暴力最小化”相融；但这不是说反战主义没有价值。民主与反战主义相互关联。反战主义认识到，暴力是民主社会的祸根，因为暴力是从身体行动上刻意否定个人或群体存在和发展的权利，而这种权利却是民主的核心。问题是，在实践中民主的存在假设了暴力的存在，这一点我之前提到过。总有一些不正义的个人和群体让他人遭受暴力或者以其他方式侵害他人的权利。如果存在民主，那这些人必然会受到法律的制裁；如果反对，他们自己甚至也可能会被残暴对待。更何况，民主永远实现不了完美的平衡。它包括利益不尽相同的个人和群体，这些人尝试用这些利益定义和控制社会。所以，在现实中必须有一个有效的公众论坛让这些差异在其中以非暴力的方式交锋。当两个以上的人或群体拥有不同的观点或利益时，异议就会出现。如果这种异议不能存续，说明可能出现了三种情况（其中一种或几种）：（1）各方就不一致进行讨论，意见达成一致；（2）第三方（例如法庭）对案件进行权衡，决定采取行动并执行；或者（3）各方付诸暴力解决争议。理想主义的问题是——不算最无关紧要的问题——它认为情况（1）和（2）看起来通常不被接受。按照理想主义者的思维方式来看，他们独占了善，除了获得彻底、明确的胜利外，其他任何事物在他们眼中都等同于让可怕的罪恶负隅顽抗。于是，理想主义者认为只有情况（3）才是可能的。在现代民主社会中，多方不允许以这种方式化解争端：国家本身对暴力具有垄断权。如马克斯·韦伯所写的："当前的特点是，发挥实质力量的权利在国家允许的范围内可以给予任何组织或个人。国家被看作有权动用武力的唯一来源。"

如果我们纯粹将暴力视为工具性的，那么使用武力达成渴望的目标就是合理的。即便接受了这一观点，我们仍然未能达到暴力之工具合理性，而实质的合理性会要求目标本身也是合理、合法的。阿伦特观察到暴力改变了世界，它时常令世界变得更加暴力血腥。因此，人们应当只能在全面衡量方案并确定暴力是达到既定目标的最好手段之后再使用暴力——只要目标足够重要，那么使用暴力实现它们就是合法的。我认为，政治暴力如果能帮助人们减少全球暴力事件的数量，有助于维持自由、非暴力、民主和多元化的社会，那么它就是好的。如果政治暴力背道而驰，那它就是邪恶的。

所有国家的法律都会对使用暴力进行制约。是否需要动用武力对付其他国家，尤其是当涉及双方边境事务时？这仍然令人感到疑惑。这个问题几乎不限于种族灭绝，尽管种族屠杀是作为判例引述的。我们需要记住的是，“种族灭绝”概念相对较新，它是拉斐尔•勒姆金（Rafael Lemkin）在 1944 年首创的，用来描述对纳粹的犹太种族大灭绝行动。当时，他认为用“大规模谋杀”（mass murder）这个词来描述发生的惨剧是不适当的。自此之后，这个概念就成了我们理解邪恶的重点，许多人认为种族灭绝是最高级别的邪恶，因为它制造了最大规模的不幸。邪恶的所有其他形式似乎被包含在种族灭绝里，一大批人沦为受害者。在 20 世纪 90 年代“种族清洗”的表述也很常见，“种族灭绝”和“种族清洗”有何显著的异同点较难确定，尤其是后一种表述没有普遍公认的定义。关于“种族灭绝”，《防止及惩治危害种族罪公约》（*Convention on the Prevention and Punishment of the Crime of Genocide*）第二条载明：

> 本公约内所称灭绝种族系指蓄意全部或局部消灭某一民族、人种、种族或宗教团体，并犯有下列行为之一者：
>
> a. 杀害该团体的成员；
>
> b. 致使该团体的成员在身体上或精神上遭受严重伤害；
>
> c. 故意使该团体处于某种生活状况下，以毁灭其全部或局部

的生命；

d. 强制施行办法，意图防止该团体内的生育；

e. 强迫转移该团体的儿童至另一团体。

以上每种行为可单独构成种族灭绝，但通常情况下，种族灭绝主要指 a、b、c 所述的行为。公约的条款一经载明，各国就有义务防止和惩治种族灭绝行为。联合国宪章第二条第 4 款禁止一国对他国的领土进行人道干预，第二条第 7 款禁止联合国干涉各国内政。例外情况是，如果出现威胁国际社会自由与安全的犯罪，可以不遵守这些规定。因此可能得出的结论是，联合国宪章禁止种族灭绝公约所要求的行为，即当一国正在本国领土上实施种族灭绝时进行干预。但是，种族灭绝必须被理解成威胁国际社会自由与安全的犯罪。据我的理解，这是指联合国宪章给予各国干预他国内政的权利，前提是当他国正在谋划或实施种族灭绝时，种族灭绝公约促使各国肩负义务以实施此类干预。

当前的形势让我们看到，人道干预的需要只会随时间推移而逐渐增加，特别是由于现今世界上很多较大规模的武装冲突都属于内部战斗。艾德蒙·伯克（Edmund Burke）写道："内战重创了人民的社会行为。它令政治失效，道德腐败，甚至歪曲了人民对公平和正义的自然品味和欣赏。""常规"战争足以令人胆战心惊，而双方倾向于至少在一定程度上遵守一套既定的规则，尤其是《日内瓦公约》(*Geneva Convention*) 所制定的规则，这意味着可以限制战争过程中最恶劣的方面。然而，今天的战争更多的是发生在国家内部而不是国与国之间，在内部冲突中，战争规则不一定会被充分遵守。联合国法律和传统国际法围绕多国之间的冲突制定，绪方贞子 (Sadako Ogata) 表示，我们仍未发展出适当的国际工具来干预国家的内部冲突。在许多情况下，这类冲突只能通过国际干预加以阻止，出于对平民的考虑，我们应当认为本国有义务进行干预，尽管参与的各方都不愿这样做。一切战争对平民的伤害比对参战者的影响更大，内部冲突的影响程度甚至更高。虽然《日内瓦公约》1977 年附加议定书明确禁止打击平民，但是该议定书一再遭到违反。

然而，自第一次世界大战以来，死于战争的平民人数就大于参战的士兵人数。据联合国儿童基金会 (UNICEF) 预计，自 1945 年起在战争中被杀害的人中有 90% 是平民，预计未来每个士兵平均能杀害 100 名平民。这样看来，战争不是士兵之间决一胜负，而是士兵和平民的较量。这或许还可以解释战争中广泛发生的强奸问题。在波斯尼亚约有 6 万名女性遭到强暴，恶劣程度令人汗颜。这些暴行在媒体报道中看起来代表了冲突的新形式。然而，强奸会被描述为普通的军事行为。在这里我要提几个数字：日军于 1937 年攻占中国南京，大约强暴了 2 万名女性；第二次世界大战时期的韩国，有10万～20万名女性被日军俘获并被关进战俘营，她们在那里反复遭到强暴及其他性折磨。强奸不是战争的边缘现象，而应被视为战争惯有的特征。不过，卡尔·冯·克劳塞维茨（Carl von Clausewitz）强调，入侵的目的不是去征占别国的领土，也不是要在抵挡敌军的战斗中取得胜利，而是要制造普遍的伤害。战争最想破坏的是另一种文化而不仅是敌人的军队。大范围的强暴恶行符合这一假设，因为在战时是女性让家庭和社会联结到一起的。对女性的大规模性侵害会动摇整个文化，容易使它走向瓦解；强奸女性标志着对这个社会的强暴。强暴是用来“污染”文化的，这是波斯尼亚的塞尔维亚军队使用的表述。正如我们在波斯尼亚所见的，军队进驻城市的标志性行动是，首先破坏当地的文化建筑，例如历史纪念馆、教堂和清真寺——这些行为被《日内瓦公约》1977年附加议定书第53条明令禁止；然后逮捕、处决知识分子，包括为联合当地文化提供服务的牧师和教师，最后再对当地的女性进行性侵害。以政治理由强奸女性时，强奸就变成了反人类罪。早期，这一事实并未得到足够关注，当2001年2月22日海牙国际刑事法庭发现三名波斯尼亚的塞尔维亚人对犯下反人类罪感到愧疚时，才算实现真正的突破。他们被控告实施多次性侵害，包括强奸了一名12岁女孩。

全球化正改变着道德世界，我们的责任前所未有地扩展。地球上再也找不到能够逃避责任的地方了。那么，我们应该赞同托马斯·曼（Thomas Mann）所谓的“尚武的人道主义”（militant humanism）吗？我认为应该。同时，为了努力克服较轻的邪恶，政治常常会制造更严重的罪恶。在 20 世纪之后和最近的“反恐战争”中，我们对这一点应该再清楚不过了。因此，阿多诺主张“征服行动本身总是比正在被征服的对象更邪恶”不是完全没有道理。而仅从字面上理解，这句话未免夸大其词，在政治和道德上是站不住脚的。如果阿伦特的观点正确，我们唯一采取的策略是，索性与世界上所有的邪恶达成和解。我们必须努力战胜邪恶，清楚地意识到每次打击都是一场潜在的灾难。我们无法对邪恶保持中立态度，有义务对其干涉，在特定条件下甚至调动军事力量也是可行的。

古典现实主义在与国际政治相关的理论中出现，它认为国家而非个人是唯一有意义的行为主体，对外政策必须受国家利益的驱使，与之有关的伦理考虑是不合适的，也是无法被接受的，甚至会对国际关系直接造成伤害。在现代——在 1648 年《威斯特伐利亚和约》签订之后——这种现实主义基本被全世界普遍接受，即便自第二次世界大战之后它的地位逐渐开始动摇，也就是说从纽伦堡审判开始，国际关系越来越重视对个人和道德的考量。同样地，我们也发现单一国家的内部自治或主权的原则受到的限制稳步增强。我觉得这种发展是积极正面的。诚然，单一国家主权的削弱应当不会导致该国被一个世界性的政府取代，康德已经指出那样做会发展出一个全球型专制君主或者一个不断被内部斗争撕裂的单独世界国家。国家必须维护主权，考虑到人民的生活环境必须划定国界，以标示主权最远可及的范围。这些限定条件部分是通过人权概念设定的，在过去 50 年里，这一概念日益成为国际法的重心，基本上为关于如何发动战争以及一国的自治能扩展多远设定了主要边界。无论人权是否获得区域性支持，它都被视为事关全球利益的关键因素。任何侵犯人权的行为必将受到谴责——制裁和干预手段分别针对较严重和最恶劣的侵害事件。

现代的"人道主义"战争实际上回到了基督教对正义战争的导教。这一传统从奥古斯丁沿袭至迈克尔·沃尔泽（Michael Walzer），胡果·格劳秀斯（Hugo Grotius）也许是最重要、最具代表性的理论家。奥古斯丁认为战争是为和平而发动的。正义战争关注的是消极的正义，也就是指战争是被用来限制邪恶而不是用来获取善良的。格劳秀斯清楚地表达了这一观点。这一传统理论认识到战争是罪恶的，应当防止其发生，于是为了称战争为"正义的"就对该理论提出了严格的要求，具体分成以下三点：

（1）参战行动本身的合法性；

（2）手段的合法性；

（3）战争结论的合法性。

在这个语境下，我只讨论要求（1）和（2）。要求（1）具体包括以下方面：

(1.1) 合法的理由：一国只有当具有合法的理由时，才能参加战争，例如，自卫、保护无辜者或惩罚违反国际法的行为；

(1.2) 正当的意图：一国不仅要有合法的理由，还必须只为这些理由参战，也就是说，这些理由必须被证明是基本的激发因素；

(1.3) 战争必须通过该国的法定机构公布于众；

(1.4) 只有当所有可行的和平解决方案用尽之后才能（在最后）考虑诉诸战争手段；

(1.5) 假设“战争有助于实现合法目标”是合理的；

(1.6) 战争绝不能制造比其能避免的、更多的不幸和伤亡。

要求（2）在传统意义上希望人们必须分清不同目标，只能打击直接参与战争的目标对象；为了达到目标不能使用多于必要的暴力；不可使用本身即为邪恶的手段，例如强奸、酷刑、大规模杀伤性武器、生化武器，等等。今天，有关“手段合法性”的要求具体体现在 1949 年的四项《日内瓦公约》以及 1977 年的两项附加议定书中。

正义战争的经典理论要求必须符合上述六项要求，凡是不能满足的都会被视为邪恶之战。然而，大多数战争似乎都不完全符合这些要求。例如，在美国的越南战争中，我们有理由相信“参战行动本身的合法性”和“手段的合法性”没有被满足。而问题更大的是北约在科索沃发动的战争。据我的判断，北约满足“手段的合法性”这一要求，它们的方法没有僭越《日内瓦公约》的相关规定，尽管距离近 15 000 英尺[①]发动的轰炸造成了更多非必要的平民伤亡。“参战行动本身的合法性”要求是否满足尚存疑问。

我们可以要求人道主义干预需要满足正义战争的标准，但是无论如何我将坚信，当时机成熟时会出现正义的战争，到那时不参战反而会被视为不道德。例如，在卢旺达就存在被大批人熟视无睹的罪孽，甚至在种族灭绝行为开始之前就已经很明显了。然而，屠杀持续了几个月后美国及其他国家才开始谴责这些行为是种族灭绝。正如我在前文曾提过的，这些国家当初犹豫不决是因为用适当的名称命名这类事件可能会迫使世界共同体遵照 1948 年《危害种族罪公约》采取行动。结果，80 万人在 100 天内遭到屠杀，比以往任何种族灭绝的速度都快。没有防止罪恶的发生，这本身就是一种犯罪。联合国在许多情况下很在乎保持自己的中立立场，忽视了对种族灭绝的干预，因为干预可能意味着偏袒其中的一方。但是，当一个群体试图驱逐或灭绝另一个群体，甚至整个民族时，我们是不可能保持公正无私的态度的。

---

① 1 英尺 = 0.3048 米。——译者注

对“人道主义干预”没有司法上的正式定义，而其主要思路是，一国或国际社会有权利甚至可能有义务去干预、保护另一个国家的人民，无论后者是否被所谓的纯粹内部冲突威胁。在 1999 年 4 月 22 日芝加哥的重要演讲中，英国前首相托尼·布莱尔说北约派驻科索沃的军队改变了人权和主权国家地位之间的平衡关系。这次干预为北约开启了一个先例，预示着人道主义考量必然比国家主权地位享有更高的优先权。一周之后，尤尔根·哈贝马斯（Jurgen Habermas）写道，对科索沃的干预与传统国际法仅有一步之遥。传统国际法自 1648 年《威斯特伐利亚和约》签订以来，持续发展成了一部庞大的世界共同体法律。他对这一点的看法是正确的。但是，出于人道主义原因参加战争会在“如何发起战争”方面提出更严格的要求。虽然行动策略——在 15 000 英尺外向目标对象发动轰炸对平民酿成了惨剧——不见得与“手段的合法性”产生直接的冲突，但它仍然是有问题的。北约的目标——发动一场无风险战争——在这里基于这样的假设，即北约士兵的生命比他们试图营救的人的生命更加宝贵。人权成为干预的原因，这个立场受到质疑，因为人权意味着每个人的生命都具有相同的价值。如果人道主义干预想要受人敬仰，那它必须遵守人道主义原则（暂不考虑其他因素），即“人人平等”的原则。让·鲍德里亚写道，不愿让生命冒险比想毁掉生活还糟，因为这种不情愿暗示了没有什么能证明可能的牺牲是合理的。如果我们不甘愿冒险就不能被认为与自己的价值观建立了真正的关联。

我们必须问自己的一个迫在眉睫的问题：个人是否拥有足够重要的权利，能让国家主权暂时被搁置一旁？我认为有。国际社会必须在必要时愿意派出部队，反抗当地的暴政。应当避免 1995 年 6 月发生在斯雷布雷尼察的事件，当时联合国部队站在一旁眼睁睁地看着七八千名男性和男孩被杀，23 000 名女性、小孩和老人被驱逐。面对大屠杀没有人能够保持中立，必须让士兵背水一战阻止这种暴行。纯粹不干预政策暗示了邪恶可以不被阻拦地发生。

全球化会产生伦理影响，我们的责任不仅限于某一国边境上。我看到这种责任可能要求我们诉诸暴力，尽管因此会产生更大的风险——将更多的邪恶带到世上。

作为具体问题的邪恶

我认为道德是独特的：这是指我们无法定义“善”“恶”以及其他道德观念本身是不是道德的。我们也不想对此下定义，只是将道德看作一种必然。检验邪恶问题的任务不是要求我们创立全新的道德系统（我们能从哪里开始），而是坚信我们已有的道德关联性和道德价值。这些道德让我们看清了自身的责任，无论持有何种理论立场，我们都肩负着尊重人类价值、防止不幸发生的义务。我们可以讨论是什么构成了人权的基础，但是在意识到人类不该被杀害、伤害和折磨之前，我们实际上需要找出多少种原因呢？人人都体会过痛苦，至少可以想象一下其他人的感受。我同意约翰·罗尔斯的观点，权利概念的实践和实现更像是一个社会实践任务，而不是一个认识论或形而上学的问题。权利概念是否是“真实的”，相比于这种概念是否可以形成逻辑讨论的基础——讨论我们的社会和政治机构如何才能更好地服务于人类的自由和幸福——显得不是那么重要。

因此，在政治领域中实用主义者比理想主义者更受欢迎，我们可以将政治看作一种社会工程形式。例如，卡尔·波普尔（Karl Popper）在作为社会发展模式的乌托邦社会工程和渐进式社会工程之间做出了区分。根据他的定义，乌托邦社会工程师们希望立刻看到社会的变化——现存社会被视为惨不忍睹，以至于不可通过渐进式改善予以挽救。旧事物必须被打破以便为新事物开道。

然而，乌托邦和天堂只是天使和圣人的居所——平凡的人类不居住在其中的任何一个地方。前面提到过，人是会犯错、会失败的。除了易犯错，人的生活还是由多元价值观和追求目标构成的，这些目标不仅不尽相同，还常常无法相融。由于人们具有不同的价值观和理想，每个社会包含了这些方面构成的混合体。鉴于这一点，真正的乌托邦只能通过大规模镇压才能实现。乌托邦假设所有冲突都不复存在，因为整个社会是根据每个个体享有的美好生活的概念建立的。

所以，如果乌托邦包含易错性或多元性，它便无法生存。我们不要试图去实现乌托邦，而应当试着鼓励那些对美好生活持有不同且可能不相融的概念的群体和个人和平共处，前提是预设的特定道德要求被满足。我对波普尔写的这段话表示赞同："我们要致力于消除具体的恶，而不是实现抽象的善。不要试图通过政治手段构筑幸福，而是要努力消灭具体可见的悲惨。"

那些站在乌托邦社会工程，即渐进式社会工程对立面的人也会怀有理想，可他们时刻准备着修正自己的理想，当看到实现理想的代价太高时，他们会做出妥协。而在乌托邦工程师那儿没有妥协的余地。也就是说，推动个人充分发展的社会前进之目标非常诱人，为了实现它可以不惜付出任何代价。但是波普尔又称那些想在地球上建造天堂的人最终只会让地球变成地狱。

换言之，我们应当消极地前进，而不要试图实现宏大、积极的愿景。我们可以做很多具体的善事来对抗贫穷、疾病、歧视、折磨和战争，等等。事实上，相较于什么是善，人们对什么是恶的看法差异更少；伦理在负面现象而非正面现象上能够达成更大的一致。因此，人们基本能够识别邪恶，同意对邪恶予以打击，无论他们采取的是何种伦理和元伦理的立场。正如斯图尔特·汉普希尔（Stuart Hampshire）所说：“人类经历的最大的罪恶既不神秘也不‘主观’，它不受文化的束缚，在每个时代、每部手写的历史以及每个悲剧和虚构小说中都得到重申，这些悲剧包括凶杀和摧残生命、监禁、奴役、饥饿、贫穷、肉体疼痛和折磨、无家可归、没有朋友。”我们不用借助理论告诉自己这些属于邪恶——总结称这些恶实际上并不算恶的理论是错误的。我反复强调了这类邪恶必须遭受打击。这是每个已知道德立场背后的基本假设，也应当成为所有政治立场的预设。尽管有关善的不同概念在善与恶之争中会让人们优先考虑不同的方面，但所有人都赞同必须反对邪恶及其他类似的事情。现在最重要的是，我们最终要用行动去反抗邪恶。

结语

邪恶不仅是理论问题，还是现实问题。我们所有的理论盲点都只是在阻碍我们得出这样一个简单的结论，即邪恶不是神学、自然科学或社会科学，甚至哲学的一个主题，而是必须在道德和政治领域处理的具体问题。只要我们仍将邪恶视为在我们身体之外的抽象概念，我们就无法理解、打击它。

神学，尤其是神义论，试图为有关善良、万能上帝的观点挽尊，但是这一尝试基本上会令我们无法识别邪恶的现实。既然从上帝的视角看万物会认为它们“实际上”都是善的，或者认为万物都会变得良善，那么有些人就可能会为邪恶的现实辩解。然而，我们的任务不仅是与邪恶达成和解，相反地，我们还被号召主动去行恶。这就是我之所以相信神义论本身是邪恶的最主要原因。神义论引导我们被动地接受邪恶的存在。

最重要的问题不是“什么是邪恶”，而是“我们为何要作恶”。答案是，我们出于很多不同的原因作恶，怀有各种动机，但是可以肯定有一个原因没有包括在内，那就是“因为这件事是邪恶的”（所以要去做这件事）。这个纯粹的邪恶形式——恶魔般的邪恶——应当被视为神话不予考虑。然而恶魔般的邪恶经常被视为邪恶的根本形态。从这个角度看邪恶会产生一个问题：让邪恶现象看起来在我们自身之外。试问你会把自己看成恶魔吗？关注恶魔般的邪恶产生的问题不是理论上的，而是现实的。它阻碍了我们认识每个人都有能力作恶。

不仅如此，我们常常明知某事是罪恶的却仍旧去做，是因为我们想实现主观的善。工具性的邪恶的行为主体理解善恶的差异，只是为了自身的利益将善弃之不顾。但是工具性的邪恶只能解释部分的恶行。我们还必须考虑理想主义的邪恶和愚昧的邪恶，其中行为主体要么被客观的善的观点激发，要么没有事先反思其行动是善的还是恶的。而我们无一例外都是邪恶的。我们都犯下了前述几种形式的恶行，尽管并不总能识别自己的行动是邪恶的。多数人只做了影响较小的坏事，而所有人一起可能会做影响更大的坏事。不仅“他人”是邪恶的，“我们”也是邪恶的。

我们的根本问题不是发起挑衅，而是缺少反思。缺少反思会让人接受甚至参与侵犯同类的疯狂行动。几乎很少有谋杀和侵害是出于纯粹的利己主义，而未经充分考虑就无私地屈从于“更高的”目的则成为主要的刺激因素。但是，只保持冷漠却会让更多的受害者出现，不仅包括那些我们看不到因而也考虑不到的人。况且，冷漠不仅能导致暴力犯罪，还是悲惨现实存在的原因，这里的“现实”是指12亿人仍然生活在极端贫困的条件下，每年仍有数百万人因饥饿死亡。世上的罪恶不仅是人们之间的斗争所引发的不公平之总和，而且伴随着各类自然灾害的意外发生。邪恶也可以在社会机构中被发现。从这个视角出发，我们可以开始讨论结构性的邪恶。约翰·罗尔斯的“正义的规范”告诉我们，经济和社会差异应当有序安排，这样即便处在最恶劣的境况下也能获得最大的优势。我认为，这不仅应当适用于单个社会的组织，还应当适用于全世界。罗尔斯没有说过类似的话，但他的确同意公平的社会应当做出比现今西方政治顾及的更多的事以帮助其他社会。邪恶不仅是一个包罗万象的问题，还能化为许多具体的问题，那些让我们变得自由、主动且拥有理性、能够反思的情况正在接受检验。最终，关键在于我们决定做些什么事。

我们能想象一个没有邪恶的人类世界吗？既然邪恶是人性的一部分，我十分怀疑这类事物可以被感知到。在这个世界上，我们可能都是邪恶的受害者，我们也可能对他人作恶。这里有许多原因，关键是我们是道德生物，易于将我们在世界上所看到的一切分成善与恶，无论是何种事物威胁或伤害了我们，它们都会被贴上邪恶的标签。我们希望地球变得适宜居住，于是便思索如何才能控制邪恶。我们总是提防邪恶，当眼下没有威胁时我们经常试着抢先一步行动。我们让邪恶限于某地，这样就能予以打击，并且时常想象自己必须怀有善意，因为打的是一场善意之仗。

人道主义就是建立在这一想法上，即人们应当克服自己的动物本性。简言之，智人应当战胜野蛮人。智人会比野蛮人更文明些吗？在我看来，智人从未战胜过动物本性，只是为野蛮凿开了新的出口。

最后，我们或许可以说人道主义本身就是所有邪恶的根源。动物不会变得邪恶，只有人类才会。尽管启蒙运动和人道主义曾尝试寻找另一类作恶者，有关恶之本源的问题简单作答仍然是：人是自由的，所以邪恶才会存在。为了自由，道德行为主体必然暗示人类是既善良又邪恶的。这不是说我们的善良和邪恶都保持同等程度，当然也不是指世界各地的邪恶数量总是一样的。

那么解决的方法是什么？最危险的反应是，相信只要我们限定、消灭了世上的“邪恶力量”，邪恶就会永远被根除。如果真是那样，我们就忽视了亚历山大·索尔仁尼琴观察到的现象——划分善恶的准则不是来自不同的群体，如国家、阶层或政党，而是“刚好来自每个人的内心”。据我所见，解决邪恶问题的唯一方法是让人道主义事业和启蒙思想继续走下去。这样即便不会根除世上所有的邪恶，至少也能为我们提供一丝希望——希望邪恶会受到控制。

Ondskapens filosofi

©Lars Fr. H. Svendsen

First published by Universitetsforlaget, 2001

Published in agreement with Oslo Literary Agency

Simplified Chinese rights arranged through CA-LINK International LLC

Simplified Chinese version © 2021 by China Renmin University Press.

Authorized Translation of The Edition Published by Oslo Literary Agency.

北京阅想时代文化发展有限责任公司为中国人民大学出版社有限公司下属的商业新知事业部，致力于经管类优秀出版物（外版书为主）的策划及出版，主要涉及经济管理、金融、投资理财、心理学、成功励志、生活等出版领域，下设“阅想·商业”“阅想·财富”“阅想·新知”“阅想·心理”“阅想·生活”以及“阅想·人文”等多条产品线，致力于为国内商业人士提供涵盖先进、前沿的管理理念和思想的专业类图书和趋势类图书，同时也为满足商业人士的内心诉求，打造一系列提倡心理和生活健康的心理学图书和生活管理类图书。

《安妮聊哲学》

- 英国最受追捧的安万特科学图书奖得主安妮与你聊聊哲学那些事。
- 有料、有图、有真相，另类解读让你在捧腹之余，感悟人生的真谛。
- 让安妮·鲁尼带你走进哲学的世界，了解重要的哲学思想，培养哲学思维，领悟看似高深莫测的人生问题背后的哲学真相。

《心灵三问：伦理学与生活》

- 美国圣母大学哲学教授詹姆斯·斯特巴撰写的伦理学普及读物。
- 斯特巴教授将通过本书带领读者认识伦理学、走进伦理学：（1）道德归咎于信仰，而非理智吗；（2）还有什么能否左右你的道德；（3）做个自我主义者没什么不好？

《思辨与立场：生活中无处不在的批判性思维工具》

- 风靡全美的思维方法、国际公认的批判性思维权威大师的扛鼎之作。
- 带给你对人类思维最深刻的洞察和最佳思考。

《理性思辨：如何在非理性世界里做一个理性思考者》

- 英国畅销哲普大师、畅销书《你以为你以为的就是你以为的吗？》作者朱利安·巴吉尼最新力作。
- 以一种更温和的理性去质疑和思辨，会更有力量，也更有价值。

《美德反思：行善的边界与智慧》

- 我们行善，不仅仅是为就他人于水火，更是让他人的心灵得以救赎。
- 美德一旦越过边界，便成为一种恶念，健康的美德比身体的强壮更重要。
- 全球 20 余位各领域大师鼎力推荐，阐释美德真知。

《优雅的辩论：关于 15 个社会热点问题的激辩》

- 辩论的真谛不在意辨明是非曲直，而在于缓和言论，避免曲解。
- 辩论的最高境界不在于输赢高低，而在于发人深省，以开放的心态达成妥协。

《学会辩论：让你的观点站得住脚》

- 逻辑思维精品推荐。
- 无论是成功地进行口头或书面争辩，还是无懈可击地阐述自己的观点，并让人心悦诚服地接受，背后都有严密的逻辑和科学方法做支撑。
- 只有掌握了本书所讲述的重要辩论技巧和明智的劝服策略，才能不被他人的观点带跑、带偏，立足自我观点，妙笔生花、口吐莲花。

《从容的告别：如何面对终将到来的衰老与死亡》

- 一个被我们忽视的幸福难题——优逝。
- 一本颠覆你对衰老与死亡认知的书。
- ICU 重症监护专家关于衰老与临终选择的理性思考。